「部下の気持ちがわからない」と思ったら読む本

Ryo Nitta 新田 龍

はじめに

□部下が思うように動いてくれず、どこにやる気のスイッチがあるのかわからない。
□密にコミュニケーションを取っているはずだが、部下が心を打ち明けてくれない。
□部下にまったく積極性がなく、指示待ちになっている。
□問題ばかり起こす部下がいるが、うまく対処できない。
□気が付けば、社員が続々と辞めていき、人が定着しない。
□「生産性を高める」といっても、どうしたらいいかわからない。
□残業させられないのに、仕事ばかりが溜《た》まっていく。

これらのうち、ひとつでも思い当たることがある方は、ぜひ本書をこのまま読み進めてください。

なぜ、上司と部下はわかり合えないのか?

これは、日本の組織で働く人であれば、誰もが一度は抱いたことのある疑問でしょう。

かつての日本の会社組織では、トップダウン型の指示系統が一般的で、「部下とは問答無用で上司の言うことを聞く存在」だと考えられがちでした。しかし、少子高齢化や働き方改革の導入をはじめ、我が国の労働環境を取り巻く状況は大きく変わりつつあります。

それに伴い、上司やリーダーが知っておくべき常識にも、変化が訪れています。

私自身、長年にわたり働き方改革のコンサルタントとして活動を続けてきた中で、その変化を肌身で如実に感じています。

「部下のことが理解できない」と感じるリーダーや管理職は、実はこの変化を薄々とは感じていても、具体的にその変化がどのように発生し、どんな形で影響を及ぼしているのかがわかっていないケースが非常に多いのです。

では、実際に上司が部下を正しく理解し、彼らのやる気を引き出せれば、どのような結果が出るのか。結論から言えば、「部下のみならず上司も、やりがいと充足感を持って働ける上、組織の業績も向上する」ことが期待できます。

せっかく手間とコストをかけて人材を採用・育成したからには、彼らには組織に愛着を持って活躍してもらいたいし、人材不足と言われるこの時代、離職など絶対にさせたくない。その気持ちはどの組織も同じでしょう。

「この会社のために働きたい」と思ってもらえる企業が、業績を伸ばす

私は仕事柄、様々な「従業員満足度が高い企業」と接する機会があります。

それが世に知られたいわゆる「優良ホワイト企業」で、労働環境も良好、かつ相応の報酬水準が確約されている会社であれば、従業員満足度が高いのは当然のことでしょう。

一方、**地方の中小規模企業で、世の中的にはさほどの知名度もなく、業種としても華やかさに欠けるにもかかわらず、高い従業員満足度とロイヤリティを誇る会社もまた実在します。**

こういった企業に共通しているのは、一言でいえば「**従業員エンゲージメントが高い**」ことです。

「エンゲージメント」とは聞き慣れない単語かもしれません。直訳すると「約束」「誓約」「契約」といった意味ですが、ビジネス用語としては「**従業員が所属組織に対し**

て強い愛着を感じ、自発的な貢献意欲に満ちている状態」を指します。

単なる「従業員満足」とも、「主従関係から生まれる忠誠心」とも異なり、お互いを尊重し、愛着を持っているがゆえの自発的な行動が基となった「確固たる信頼関係」とも言い換えられるものです。

さらに従業員目線でわかりやすく表現すると、

「この会社にいられることが誇り!!」

「周囲の人にも、この会社の良さを自慢したい!!」

「もうこの会社から離れたくない!!」

……といった、青春時代の一途《いちず》な恋愛のごとく、従業員に想《おも》いを寄せられる状態であるといえます。

倍率100倍の食品会社に伝わる企業理念とは?

従業員エンゲージメントが高い会社の実例として、私がよく引き合いに出す、とある食品メーカーの事例を紹介させてください。

同社が拠点とする市場は世間的には斜陽産業であるにもかかわらず、約50年間にわたって増収増益を続け、経常利益率は常に10％以上という特異な企業です。

しかも昨今の組織運営トレンドとは対極にある、「年功序列、終身雇用、一生懸命さと熱意を評価」という、いわば「古き良き日本のファミリー経営」のような会社です。

それでも、従業員満足度は極めて高く、毎年約20人の採用枠に全国から約2000人が殺到するという驚異的な人気を誇ります。同社の企業理念は、次のような創業経営者の考えにも表れています。

「経営とはいかに大勢の人を幸せにするか。そのためには職場が幸せな環境でなくては」

「社長の財産を増やすためになんて頑張れない。社員皆で分かち合うためなら頑張れる」

「利益なんて、給与や福利厚生などに使った後の残りカスだ」

「経営上の数値のみならず、会社を取り巻くすべての人から、日常会話で『あの会社はいい会社』と言われることを目指している」

同社の給料はほぼ毎年2%前後のペースで上昇し続けています。

これは会社として、**「必ず給料が上がるという感覚は、先が見えない不安を退け、従業員に希望を与えられる」**との考えに基づくものです。福利厚生も手厚く、社員旅行費用、転勤先の家賃、従業員にかけるがん保険料まで会社負担です。その他、高利息が付く社内預金など多数の制度が用意されています。

「社員の安全が第一」との考えから、全国の支店や営業所は土地代をケチらず、天災の危険性が低い高級住宅街にわざわざ建てている他、**「無理なノルマを発生させたくない」「社員に手厚く還元したい」**との考えから非上場を貫いています。

同社の従業員のお一人が語られた言葉が、まさに理想的な労使関係を象徴するものとして今でも強く印象に残っています。それは次のようなものでした。

「会社が私たちのために良くしてくれているので、私たちも頑張れる」

気が付けば、私自身も同社工場内に設けられた直売所で大量の商品を購入して帰路についていました。その経験は「商品購入」というより、もはや「素晴らしい会社を目の当たりにし、この会社が永続することを祈りつつ奉納したお布施」のようなものでした。

この会社を見ると、業績を上げ、社員の給与を上げるためにも、従業員満足度をいかに高めるかは、今後の企業にとって大きな課題になることがわかるでしょう。

部下が「楽しく働けている」と思える組織の共通点

さすがに、先に挙げたような会社は希少なケースですが、他にも従業員エンゲージメントが高い組織は、立地、企業規模、業種、業績、知名度などに関わらず存在しています。それらの企業において共通して実践しているのは、次のような要素です。

- 働きやすい労働環境を整備
- 組織内コミュニケーションの活性化
- 心理的安全性確保
- 柔軟な働き方ができる制度導入

・ワーク・ライフ・バランス確保
・公正かつ透明性のある評価制度導入
・納得感のある報酬制度導入
・周囲からの承認とサポートを促進
・スキルアップおよびキャリア開発機会の提供
・充実した福利厚生や保障の提供

これらの中で、あなたの会社で、もしくはあなた自身が既に実践している要素はあるでしょうか？

要素自体は数多いものの、要約すると「労働者が働きやすくなるように環境を改善すること」「日常のコミュニケーションの中で、従業員間の承認や動機づけが自然になされる組織風土を維持すること」を念頭に置いた、地道な努力だとも言い換えることができます。

本書では、部下との関係性に悩む組織のリーダーや管理職の方々が、「**人が気持ちよく働きたくなる環境**」**を作るためにはどうしたらいいのか**。また、これからの時代に部下の心情を理解する必要性や、彼らとコミュニケーションを取る上での大前提となるスタンスについて。そしてリーダーが知っておくべき、部下に関するリスク管理も併せてご紹介していきます。

なお現在、自分自身は管理職ではないという方々が、年下世代と付き合う上でも、本書はひとつの指針になるでしょう。仮に今、役職を持たない人でも、いつ部下を持つことになるかわかりません。**これまでは良好な関係を築いていた後輩であっても、部下になった途端に関係性が変わることは往々にして起こり得ます。**

組織は一朝一夕で変化できるものではありませんし、いざトラブルが起きてから対処法を考えるのでは間に合いません。トラブルを回避するため、事前知識として知っておくことが我が身や部下、そして会社組織を守る大きな防衛策となります。

本書が多くのビジネスパーソンの皆さまにおいて、よりよい働き方を実践する上でお役に立つことができれば、著者としてこんなに嬉《うれ》しいことはありません。

目次

第5章 部下が「辞めそう」になったとき、上司にできることは？

第6章 社内モチベーションを下げる、問題社員との向き合い方

第7章 すべての成果を台無しにする、企業の炎上リスク

第1章

「部下の気持ちがわからない」世代が知っておきたい新常識

若者はいつの時代も「理解しがたい存在」だった

いでしょう。

残業をなくし、効率よく仕事を進めたい。これはすべての組織人が共通して抱く想

そのために欠かせないのが、従業員の組織貢献意欲です。

一昔前では、「お金」や「ネームバリュー」などが企業を選ぶ基準のひとつとなっていましたが、昨今では仮に高給や知名度がある組織でも、**労働環境や人間関係が芳しくなく、やりがいやモチベーションを保てない職場ほど、優秀な人材がどんどん離れていく傾向があります。**

そんな事態を避けるため、本書の冒頭では、昨今の部下世代が抱いている想いや労働環境における新常識をご紹介していきます。

まずは、次の文章を読んでください。

「『最近の若者はダメだ』は昔から言われているが、特に今の若者はひどい。まず、当事者意識が完全に欠如している。さらに、独り立ちをしようとせず、常に何かに依

存し、消費し、批判するだけの『お客さま』でいつづけようとしている。これはゆゆしき事態であり、日本社会のありかたにかかわる重大な問題である。

最近の若者は、定職に就きたがらない。あるいは、会社に入っても一定のポジションで身を立てようとしない。なぜなら、社会的なかかわりを、全て暫定的・一時的なものと見なしているからだ」


「その通りだ！」と深く納得される方も少なくないことでしょう。

ただ、実はこの文章は、日本の精神分析学の第一人者である小此木《おこのぎ》啓吾《けいご》氏の著作『モラトリアム人間の時代』から引用したものです。同書の刊行は１９７８年。**すなわち、ここで示されている「最近の若者」とは１９６０年前後に生まれた世代のこと。**

「最近の若者」であった彼らは、現在60代前半。会社組織でいえば役員になったり、役職定年を過ぎてベテランとして活躍していたりする世代でしょう。

まさに今「最近の若者は……」と苦言を呈している彼らも、上の世代からは同じように、理解しがたい「最近の若者」として扱われていたということがわかります。

同様の苦言は、さらにはるか昔から存在します。

「**最近の若者はすべてにわたって消極的で、思い切ったことをしない**」という主旨の記述は、江戸時代に記された『葉隠』（山本常朝《やまもとつねとも》・1716年頃）にも見られるし、「**最近の若者は、あまりに言葉遣いが乱れており嘆かわしい**」といった批判は『枕草子』（清少納言《せいしょうなごん》・1001年頃）でも綴《つづ》られています。

伝聞レベルで確実な証拠はありませんが、さらに時代をさかのぼれば、「**エジプト遺跡の壁画**」「**シュメール遺跡の粘土板**」「**ポンペイ遺跡の落書き**」などにも同様の記述が見られるとの話も聞きます。

いつの時代も、若者とは年長者にとって理解しがたい存在で、彼らのことを考えるたびに「このままだと我々の社会はどうなってしまうのか」という深い憂慮の念に駆られてしまう存在であることは間違いありません。

いずれにせよ、世代間のギャップはいつの時代でも存在するもの。

テクノロジーやインターネットの普及、社会自体の変容、自分たちが慣れ親しんできた環境や信念の理想化、コミュニケーションスタイルの変化などといった時代の移り変わりにより、年長者が自身の若い頃と比較し、若者の行動や価値観に違いを感じるということは常にあり得るのです。

「部下の気持ちがわからない」ままでは、会社が傾く

ただ「若者世代はよくわからないから」と部下とのコミュニケーションを放置するのは、上司・先輩世代にとって得策ではありません。なぜなら、若者世代の考えを理解しない企業や上司は、どんどん淘汰《とうた》されていく可能性が高いからです。

その最大の要因は、企業各社における人手不足です。

2023年7月時点における全業種対象の調査で、正社員が「不足」と感じている企業は51・4%を記録。さらに中小企業に限れば、人手不足と回答した割合は約7割にのぼり、過去最悪を記録しました。今後、人手不足感は高まるにしても、解消されることはおそらくないはずです。

だからこそ、部下世代の考えや価値観を理解し、良好な関係を構築・維持していくことが、現役世代にとって求められます。

正社員・非正社員の人手不足割合　月次推移

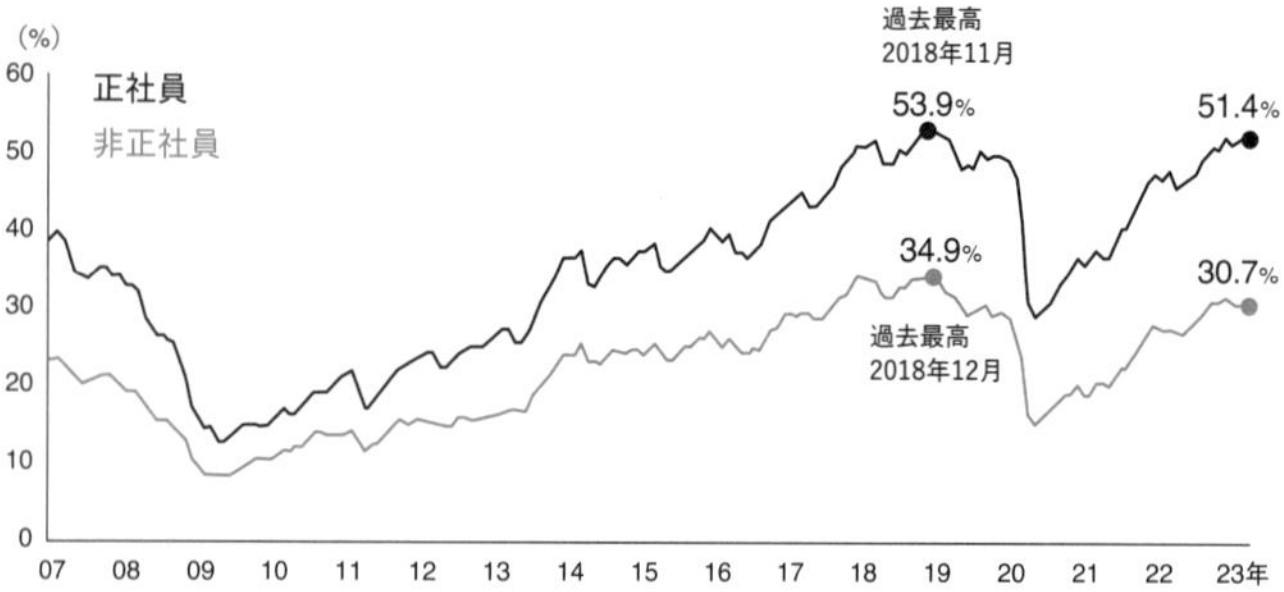

調査結果(要旨)

1. 正社員の人手不足企業の割合は 51.4%となった。業種別では「旅館・ホテル」が 75.5%で最も高く、「情報サービス」(74.2%)、「メンテナンス・警備・検査」(67.6%)が続く
2. 非正社員では　30.7%が人手不足。業種別では「飲食店」が85.2%でトップとなり、「旅館・ホテル」(78.0%)が続く。小売業やサービス業など個人向け業種が上位に

■調査期間は 2023 年 4 月 17 日～4 月 30 日。調査対象は全国 2 万 7,663 社、有効回答企業数は 1 万 1,108 社(回答率 40.2%) なお、雇用の過不足状況に関する調査は 2006 年 5 月より毎月実施しており、今回は 2023 年 4 月の結果をもとに取りまとめた
■本調査の詳細なデータは、景気動向オンライン(https://www.tdb-di.com)に掲載している
(帝国データバンク「人手不足に対する企業の動向調査(2023年4月)」)
https://www.tdb.co.jp/report/watching/press/pdf/p230502.pdf

読者の皆さんの中には、就職氷河期を経験された世代もいることでしょう。氷河期世代は、1990年代初頭以降、バブル経済崩壊の影響を受けた不景気により、多くの企業が新卒採用を抑制し、ちょうど新卒時に就職難に直面された、概《おおむ》ね「1995〜2005年頃」に社会に出た世代を指します。

当時は、正社員雇用を得ることも厳しく、仮に無事に入社できても、その後の社内競争も厳しく、おそらく「**お前の代わりなんていくらでもいるぞ！**」と叱咤《しった》された最後の世代ゆえに、その感覚が染みついている人も多いかもしれません。

ただ、当時と比較して、時代は大きく変化しました。

人口ピラミッドで見ても、氷河期世代が減り続ける以上、これからは貴重な若い労働力を各社で奪い合う時代へと突入するでしょう。**若手を首尾よく採用できても、長きにわたって定着してくれるかは職場環境次第。そのためにも上司世代である皆さんが部下世代を深く理解し、日々のコミュニケーションに配慮できることが重要になります。**

2020年

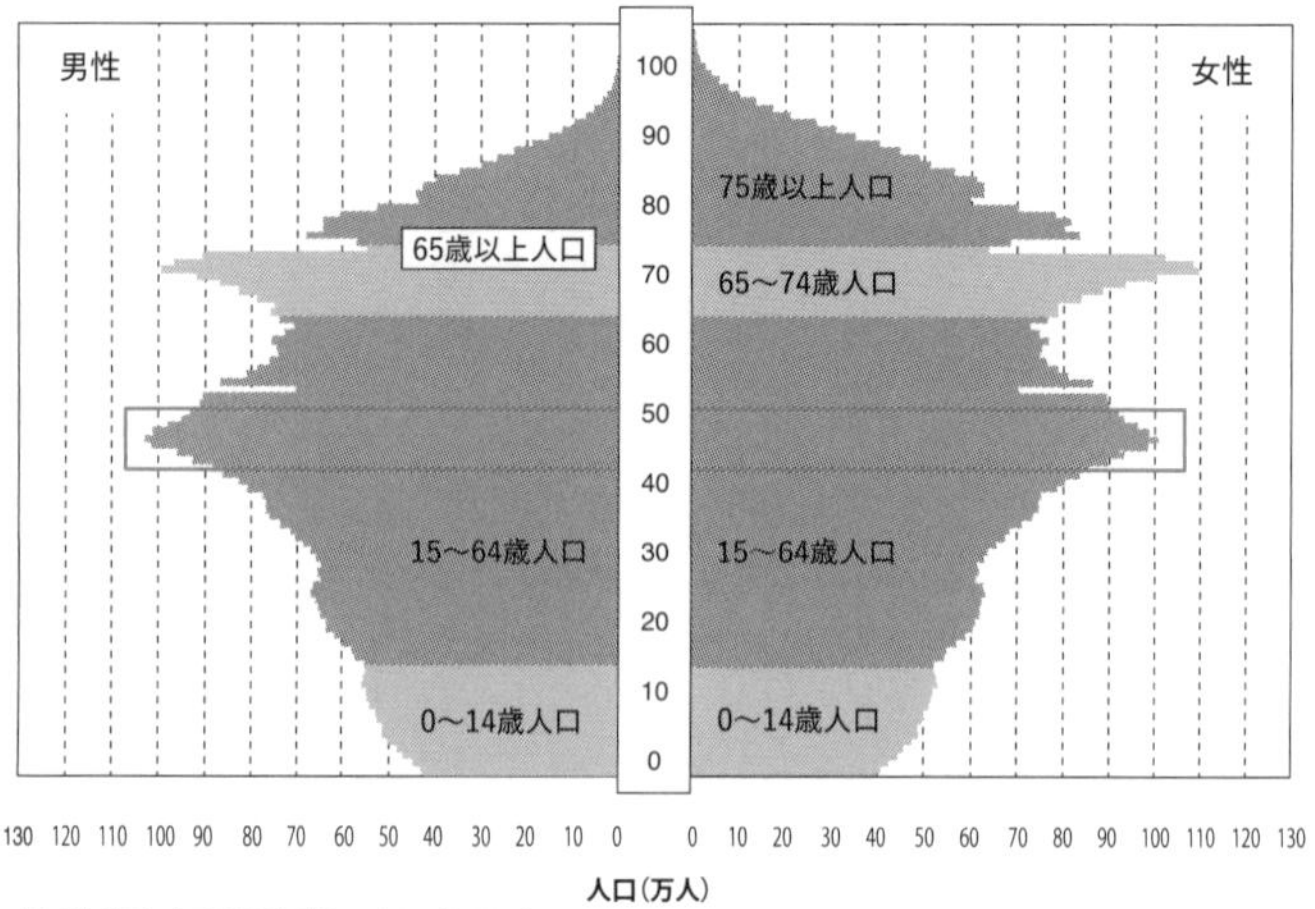

(国立社会保障・人口問題研究所「人口ピラミッド　2020年」
(赤枠線は筆者追記。就職氷河期世代を表す
https://www.ipss.go.jp/site-ad/TopPageData/2020.png)

人口大国というメリットに支えられていた日本経済

部下世代の気持ちを知る上でポイントとなるのが、現在20代の若手社員と、40代後半～50代の上司世代の間にある社会環境と価値観の変化に関する大きなギャップです。

当然のことながら**「俺たちが若手の頃はこれが当たり前だった！」**は指摘の理由にならないどころか、そんな理由で叱咤《しった》したら最後、部下からの信頼を失ってしまうでしょう。

私たちがこれまでに学び、認識してきた「常識」は、時代とともにどんどん変化しているのですから。

たとえば学校の教科書を見ても、「太陽系第9惑星」だと教えられてきた冥王星は、天体研究の進展により、同等、もしくはそれより大きな外惑星が続々と発見されたことで、2006年から「準惑星」の分類になりました。

同様に、「イイクニ《1192》つくろう」と覚えてきた鎌倉幕府の開府年は、現在の教科書では「1185年」と記載されています。これも、歴史研究により、源頼朝《みなもとのよりとも》が朝廷に守護や地頭の設置を認めさせて、実質的な支配権を朝廷から移行した年が、開府年に相応《ふさわ》しいと判断されたためです。

学校教育でさえこれほどの変化がある世の中。日進月歩のビジネスの世界であればなおさら、旧来の常識は通用しません。古い認識とは知らずにしたり顔で披露した知識が、実は若手から顰蹙《ひんしゅく》を買うものだった……ということは往々にして起こりがちです。

社会人の常識がどう変わっているのか。それを知るために、ここ数十年の日本の労働環境について紹介させてください。

戦後、高度経済成長期を経て、我が国が世界第2位の経済大国という地位に長年い続けられた理由のひとつは、「日本が世界有数の人口大国だった」からに他なりません。当時の日本は国内市場が大きい一方で、高齢者人口に対して若い人の割合が多く、経済成長分野に予算をつぎ込むことができたのです。

モノは造れば造った分だけ売れていくので、残業や休日出勤、転勤や出向も厭《いと》わずに仕事に邁進《まいしん》し、組織貢献できる人が重宝され、評価されて出世していきました。そして同じように家庭を顧みず、滅私奉公する人が上の立場につくことで、同じような価値観を持つ管理職集団が出来上がっていったのです。

それが良い・悪いという話ではなく、当時はその方法が日本経済発展における最適解でした。**経済拡大に伴って報酬も右肩上がりとなっていったため、将来に不安を抱くこともなく、人々は概ねハッピーだったのです。**

少子化によって、日本経済も労働人口も右下がりに

しかし、時代は大きく変わりました。

2008年をピークに日本の人口は減少に転じ、高齢者の割合も増加。労働力人口の割合は低下し、経済発展しにくい環境となりました。

たとえば、1970年前後生まれの世代は、各年度で約200万人前後生まれていますが、直近の2022年では1年間に生まれた子どもの数は、外国人等も含めた速報値で79万9728人。1899年に統計を取り始めて以降、初めて80万人を下回り過去最少を更新しています。**しかも7年連続で出生数が減少しているという危機的状**

高齢者人口および割合の推移（1950年~2040年）

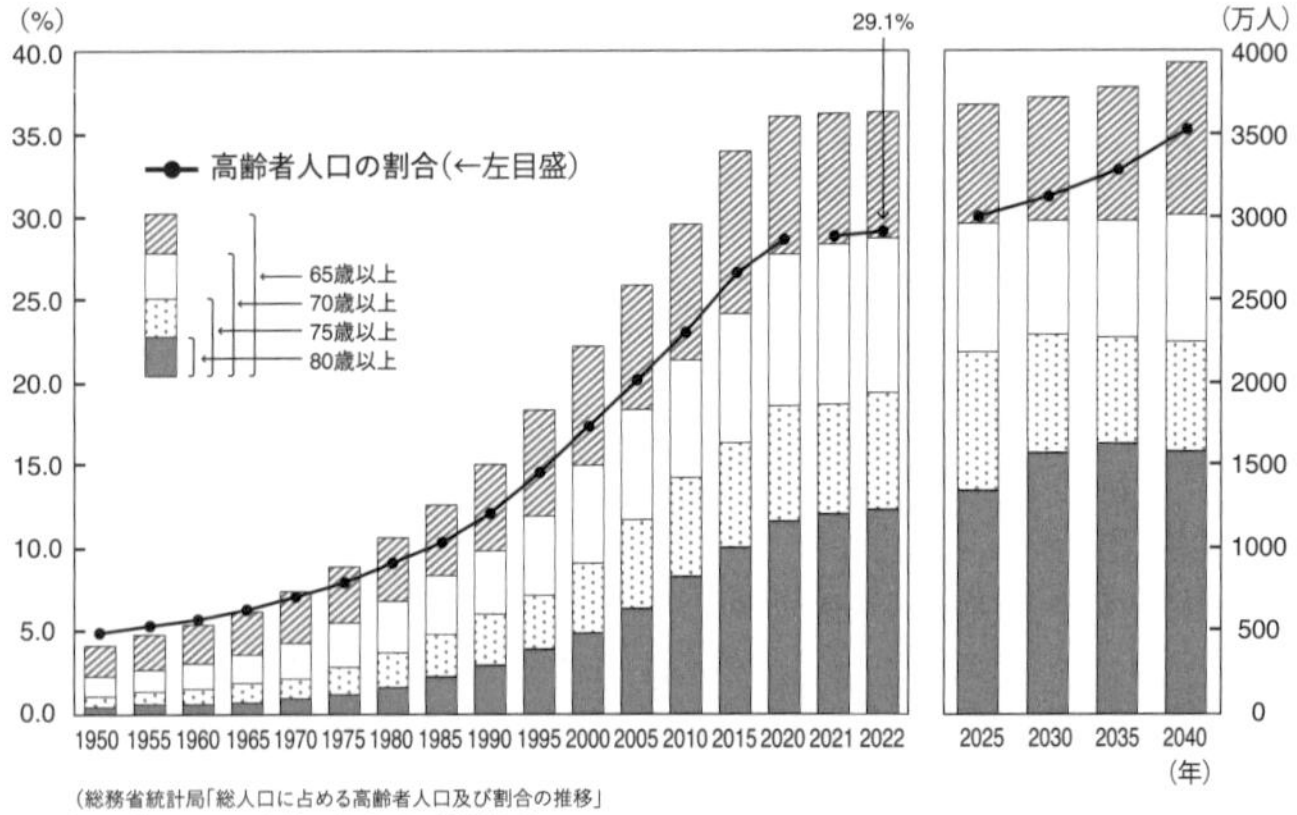

（総務省統計局「総人口に占める高齢者人口及び割合の推移」
https://www.stat.go.jp/data/topics/topi1321.html）

況です。

一方で、総人口に占める高齢者人口の割合の推移を見てみると、４・９％であった１９５０年以降、一貫して上昇が続いていて、１９８５年に10％、２００５年に20％を超え、２０２２年は29・１％となりました。**この割合は世界で最も、かつ突出して高い数値です。**

日本経済自体と、それを取り巻く状況も大きく変化しています。

バブル経済絶頂期の１９８９年、世界経済に占める日本経済（名目ＧＤＰ）のウエイトは15・３％でしたが、２０２１年にはわずか５％にまで低下しています。

１人あたりＧＤＰランキングで見ても、

出生数、合計特殊出生率の推移

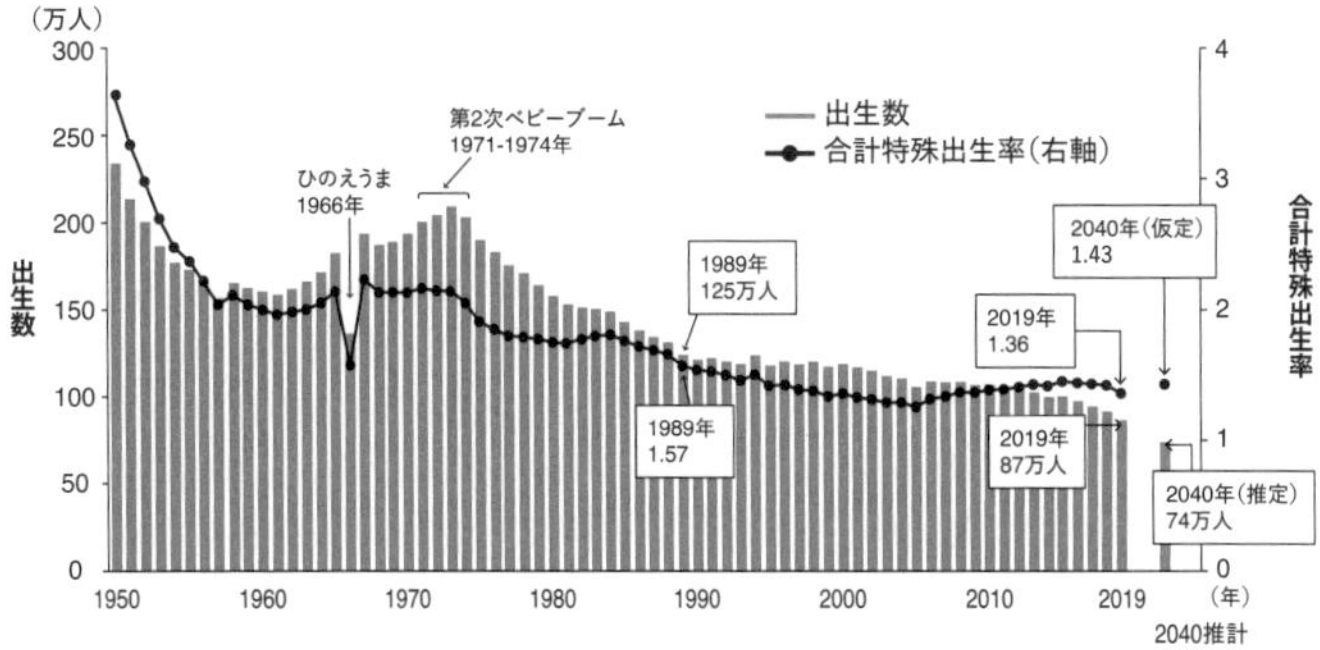

2019年までは厚生労働省政策統括官付参事官付人口動態・保険社会統計室「人口動態統計」(2019年は概数)、
2040年の出生数は国立社会保障・人口問題研究所「日本の将来推定人口(平成29年推計)」における出生中位・死亡中位仮定による推計値。
(厚生労働省「出生数、合計特殊出生率の推移」
https://www.mhlw.go.jp/stf/wp/hakusyo/kousei/19/backdata/01-01-01-07.html)

主要国における高齢者人口の割合の比較(2021年)

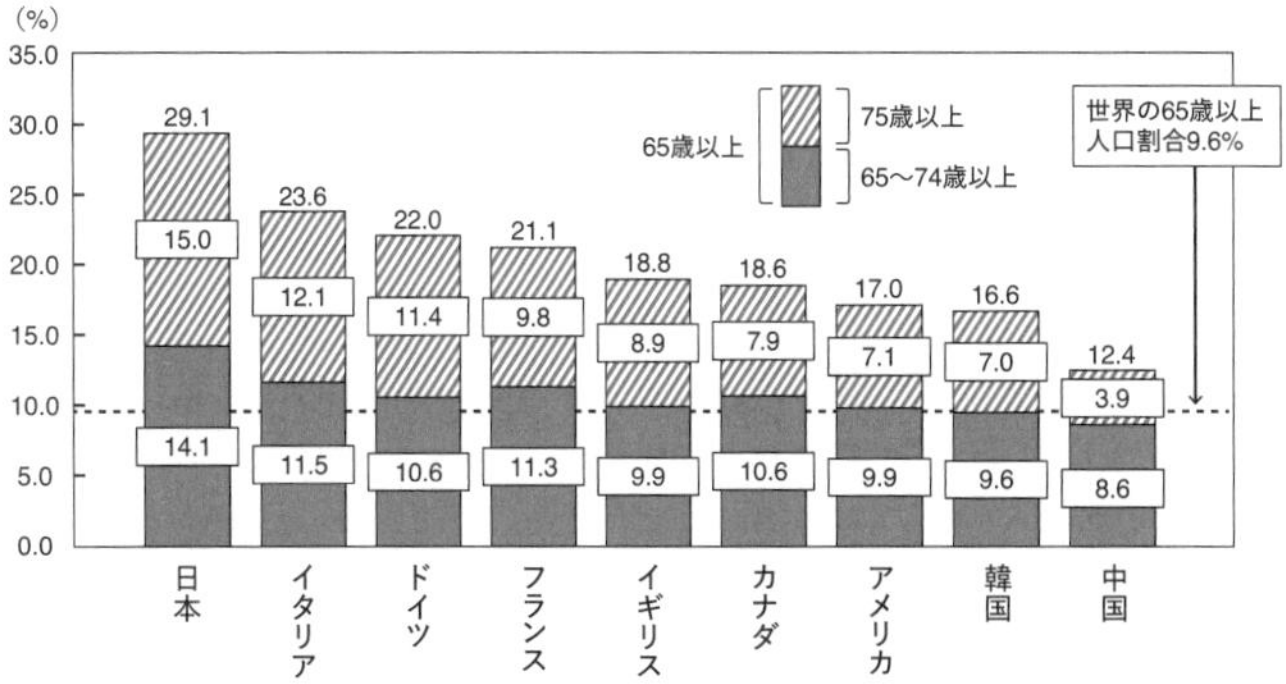

日本の値は「人口統計」の2021年9月15日時点のもの
他国はWorldPopulationProspects:The2019Revision(UnitedNations)における将来推計から、2022年7月1日現在の推定値
(総務省統計局「主要国における高齢者人口の割合の比較」https://www.stat.go.jp/data/topics/topi1291.html)

バブル絶頂期の日本の経済力は世界10位前後を維持していましたが、その後は低下の一途を辿《たど》り、現在は30位以下。OECD（経済協力開発機構）加盟38カ国中でも下位に甘んじている状況です。

産業構造も変化。重視されるのは「顧客への価値提供」

産業を取り巻く環境も激変しました。

たとえば、製造業を例に挙げても、以前より高品質な製品を効率的に生産する技術開発を競い合うことが命題でした。しかし、2000年前後からの情報通信技術の普及を受け、製品の機能のみならず使い方に焦点が当たり、様々な製品・サービス、技術が開発されるようになります。

すなわち、製品自体の価値だけで勝負する時代から、製品とサービスを組み合わせて顧客の経験価値を高めることで差別化を図る時代に移行していったのです。

結果として、製造業の競争軸は「製品の製造・販売」から「製品を介した顧客への価値提供」へと変化し、製品単体でなく、複数の製品・サービスの組み合わせで新たな価値を生み出す時代が到来しつつあります。

日本でもデジタル化は進展しつつあるものの、それらは「あくまでIT・システム業界の話」と捉えられがちです。**コスト削減・生産性向上のツールとしてのデジタル導入は進みましたが、デジタル技術を活用したビジネスそのものの変革や、新たな産業創出といった動きはまた世界の潮流と比して出遅れている感があります。**

安定した内需に長らく支えられ、国内市場を見据えるだけで充分ビジネスとして成立した環境に甘んじていたがゆえに、日本では痛みを伴う大きな改革は避けられてきました。

様々なトラブルにも対症療法で対応していった結果、日本の経済はいわゆる「失われた20年」が「30年」へと延び、出口の見えない停滞状態にあるように感じられます。

日本人を取り囲む、働く現状はどうなっている？

では、一方の労働環境はどのように変化しているのでしょうか？

企業目線から見れば、モノはある程度充足しているので、よほどの付加価値か新たな切り口を提案できない限りは売れません。また、人件費も最低賃金も上がり続けているため、おいそれと残業もさせられません。

共働き家庭も当たり前になりつつあり、**１９９７年には既に専業主婦家庭を割合で逆転しています。**ただ一方で、高齢化による介護の必要性などから、育児や介護等の理由でフルタイム労働が難しい人の割合も増え、介護を理由にした年間離職者数は約10万人に上ります。

かつての人口増加・高度成長期にうまく機能していた「終身雇用」「年功序列」「滅私奉公」といったシステムが、現在の人口減少・低成長期にはまったく合致していないにもかかわらず、無理矢理使い続けた結果、齟齬《そご》をきたしている状態なのです。

だからこそ、これからの会社組織は、人手不足でも、人件費が高い状況でも、育児や介護等でフルタイム労働が難しい人ばかりの状況であっても、難なく乗り越えられる経営が求められるのです。

そのためには、真っ当な給料を支払えるだけの利益を生み出すビジネスを運営し、儲《もう》からないビジネスや無駄な仕事はキッパリと止《や》めるか、利益が出るよう改革する、という決断が必要です。

「何事も残業でカバーする」という悪習を見直し、仕事を棚卸しし、ムダやムリ、ムラを見直して、短時間で効率的に仕事をこなせる人を正当に評価する……といった手立ても求められます。

それこそ、この数年盛んに「働き方改革」が議論されている要因なのです。

若手社員が上司に求めるものは「不干渉」「自分の価値観の尊重」

労働環境が変わる中、社員たちが上司に求める理想や常識も変わっています。

では、どんな上司像を若手社員たちは求めているのでしょうか？

直近10年だけでも、若手社員の就労意識は大きく変化しています。

三菱ＵＦＪリサーチ＆コンサルティング社が毎年発表する「新入社員意識調査アン

ケート結果」によると、時代の趨勢《すうせい》としてこのような特徴が垣間《かいま》みえます。

【以下、意識調査アンケート】

・会社が私生活に干渉することを拒む
・プライベートな時間を確保し、会社以外の居場所を大切にしたい
・したがって、会社の人と業務後に飲みに行くのは気が進まない
・会社という枠組みにとらわれず、自分自身の価値観に従って仕事をしたい
・新卒で入った会社で働き続けることは当たり前ではなく、転職も含め将来の多様な可能性を求めたい
・兼業・副業にも前向き
・協調性には自信がある
・一方で、創造力や積極性に欠けると自認している
・たとえミスをしても広い心で受け入れ、温かく成長を見守ってくれる「寛容型」の上司を求める

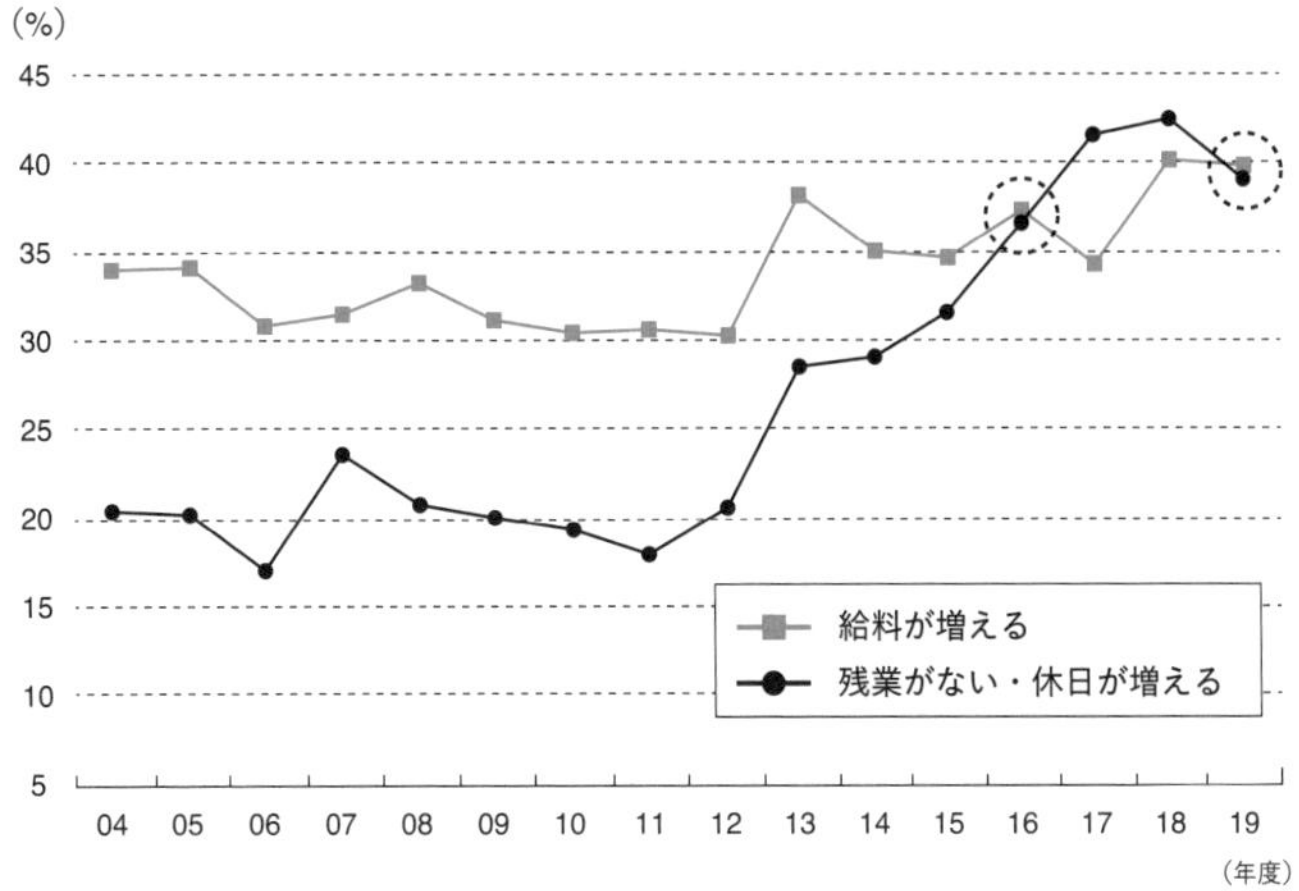

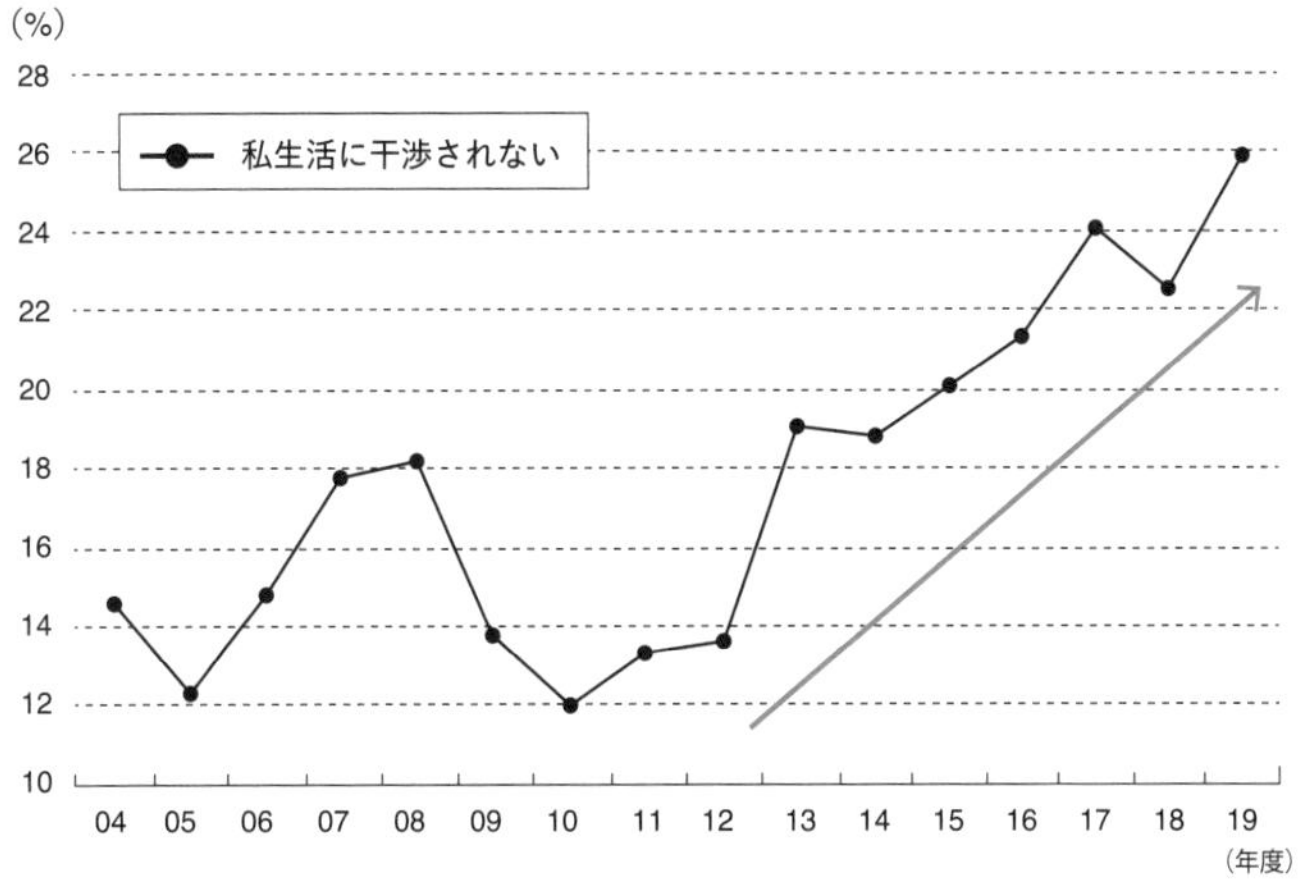

(2019(平成 31／令和元)年度 新入社員意識調査アンケート結果　会社に望むこと
(三菱 UFJ リサーチ＆コンサルティング) https://www.murc.jp/wp-content/uploads/2019/05/report_190517.pdf)

どうでしょうか?

かつての上司世代が考える「**報酬**」といえば「**出世**」と「**給料アップ**」であり、「逆にそれ以外に何があるのか?」という意見がほとんどだったでしょう。

しかし、現在の若手社員の価値観は大きく異なります。

彼らが会社組織に求めるのは「給料よりもノー残業&休日確保」です。また、この10年間で**「プライベートに干渉されないこと」**を重要視する人の割合も明らかに高まっています。

すなわち、昨今の若手社員にとっては**「ワーク・ライフ・バランスを確保すること」**も**「働く時間と場所を自由に選べること」**も、**「周囲に気兼ねなく定時に帰り、休みも取れる環境」**も、そのすべてが「**報酬**」になるのです。

したがって、それらを含めた多様な価値観を許容できる上司、および組織こそが、若手にとって魅力であり、選社基準だということを上司世代は強く認識しておくべきです。

特に求められるのは「丁寧な指導」や「寛容な上司」

さらに押さえておきたい点として、あらゆる調査において、「求める上司像」が変化しつつあることが挙げられます。

一般社団法人日本能率協会「2022年度新入社員意識調査」によると、同年度の新入社員にとって理想の上司・先輩は、**「仕事について丁寧に指導する人（71・7％）」**が1位。同項目は2012年度以降の調査で過去最高を記録しています。

一方で、2012年度当時数値の高かった**「場合によっては叱ってくれる上司・先輩」**や「仕事の結果に対する情熱を持っている上司・先輩」は大幅にダウンしています。

これらの結果を見ると、若者世代が従来のような「**情熱的な上司**」よりも、「**寛容な上司**」を求めていることがわかります。

全体的な傾向として高まっているのが**「丁寧な指導」「成長や力量に対する定期的なフィードバック」**へのニーズです。つまり、若手社員が上司や先輩に対して求めているのは、「手厚い個別対応」なのです。

Q あなたが理想的だと思うのはどのような上司や先輩ですか？（上位3つ選択）。

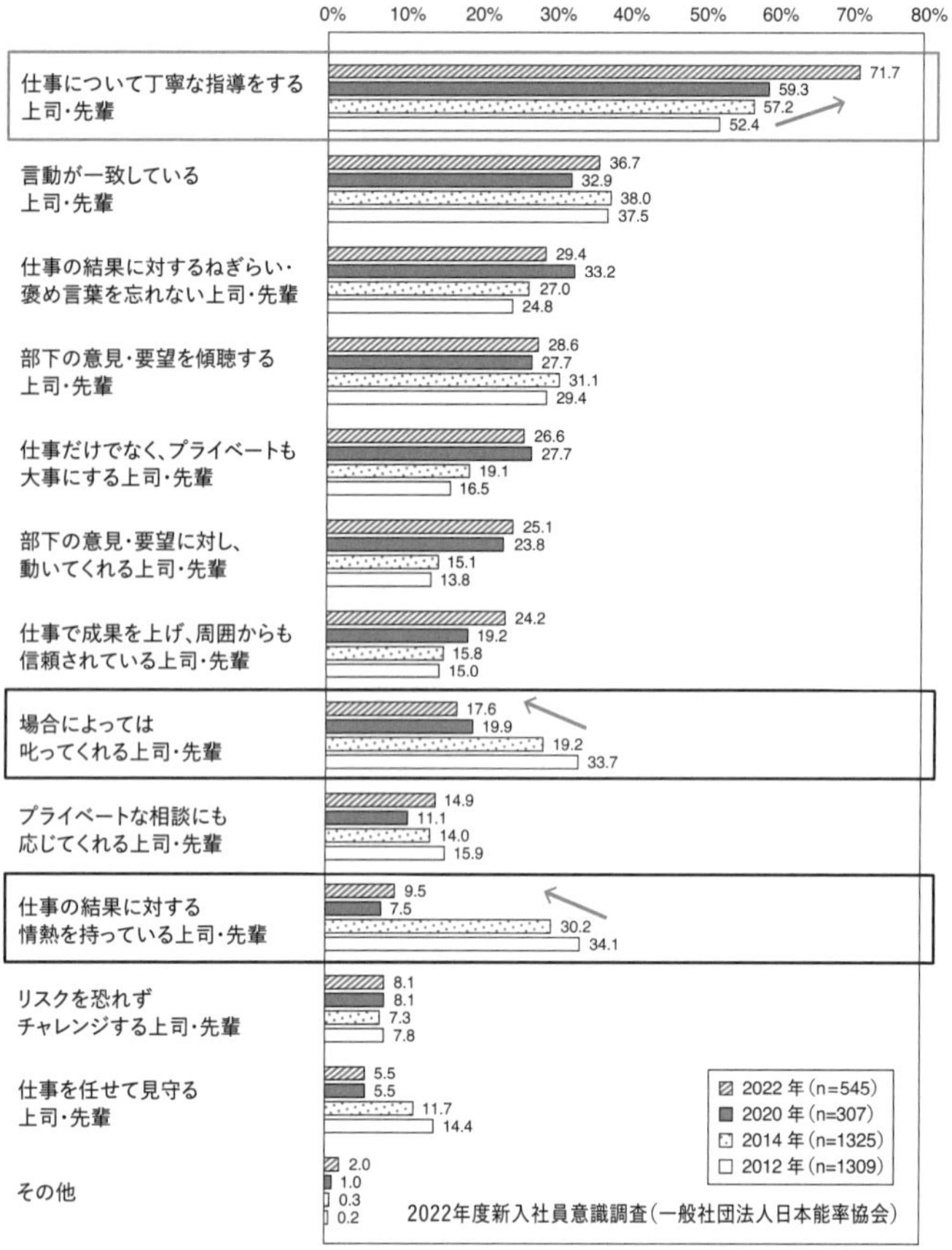

（一般社団法人日本能率協会「2022 年度 新入社員意識調査」
https://jma-news.com/wp-content/uploads/2022/09/20220912_new_employees_2022.pdf）

Q あなたが上司に期待することは何ですか？
（最大3つまでの複数回答/pt＝ポイント）

選択肢（選択率順）	2022年（N=522）	2021年（N=471）	昨年との比較	5年間の比較	10年間の比較
相手の意見や考え方に耳を傾けること	54.1%	51.3%	2.8pt⬆	7.1pt⬆	2.5pt⬆
一人ひとりに対して丁寧に指導すること	44.2%	47.7%	-3.5pt⬇	4.1pt⬆	14.0pt⬆
好き嫌いで判断しないこと	33.5%	35.8%	-2.3pt⬇	0.3pt⬆	1.5pt⬆
職場の人間関係に気を配ること	32.6%	29.0%	3.5pt⬆	6.5pt⬆	6.4pt⬆
よいこと・よい仕事をほめること	32.6%	29.7%	2.9pt⬆	10.1pt⬆	12.9pt⬆
仕事に情熱を持って取り組むこと	22.5%	21.4%	1.1pt⬆	-5.7pt⬇	-11.0pt⬇
言うべき事は言い、厳しく指導すること	21.1%	25.2%	-4.1pt⬇	-7.4pt⬇	-15.4pt⬇
周囲を引っ張るリーダーシップ	14.5%	16.3%	-1.8pt⬇	-4.6pt⬇	-11.7pt⬇
仕事がバリバリできること	9.5%	11.0%	-1.5pt⬇	-2.9pt⬇	-1.0pt⬇
ルール・マナーを守り、清廉潔白であること	7.2%	10.0%	-2.7pt⬇	-3.6pt⬇	-2.5pt⬇
部下に仕事を任せること	4.6%	4.4%	0.1pt⬆	-0.8pt⬇	-1.2pt⬇
その他	0.6%	0.4%	0.1pt⬆	0.1pt⬆	-0.4pt⬇

（株式会社リクルートマネジメントソリューションズ「新入社員意識調査 2022」
https://www.recruit-ms.co.jp/upd/newsrelease/2206281825_6171.pdf）

「指示が曖昧なまま作業を進めること」に対しては8割の若手社員が抵抗を感じており、**「質問のしやすい風土や対応」**も上位に挙がっています。

日本企業の慣習としておこなわれがちだった**「ちゃんとして」「きっちりやれ」「しっかり仕上げて」**といった曖昧な指示をする上司は、嫌われるのです。

同時期の別会社の調査においても、同様の結果が出ています。

株式会社リクルートマネジメントソリューションズ「新入社員意識調査2022」によると、「上司に期待すること」として**「相手の意見や考え方に耳を傾けること」「職場の人間関係に気を配ること」**が過去最高の選択率となっています。

価値観の多様化が謳《うた》われる社会において、一方的に伝えるだけではなく、部下の意見もきちんと聞く……といった、個性や違いに受容的で、傾聴型のコミュニケーションを望む傾向を生み出していると推測できます。

先輩世代は、自分の中の「新入社員」のイメージをリセットする時期

新入社員に対する接し方やイメージは、上の年代であればあるほどリセットする必要があります。なぜなら、ここまで見てきたように、**世代間における「仕事」や「上司」「会社」に対するイメージは大きく変わってきているからです。**

余談ですが、かつて公益財団法人日本生産性本部が毎年「今年の新入社員の特徴とタイプ」を発表していました。私が新入社員だった1999年度当時の特徴とタイプ

は、「**形態安定シャツ型**」でした。

その心は「**防縮性、耐摩耗性の生地（新人）多く、ソフト仕上げで、丸洗い（厳しい研修・指導）ＯＫ。但し型崩れ防止アイロン（注意・指示）必要**」とのこと。「厳しい指導ＯＫ」というコメントは、今となっては隔世の感があります。

なお、同本部による「新入社員の特徴とタイプ」発表は２０１７年度で終了してしまいましたが、現在は、産労総合研究所が引き継いで実施しており、２０２３年度の新入社員のタイプは「**可能性は∞（無限大）ＡＩチャットボットタイプ**」だそうです。

「知らないことがあればその場でごく自然に検索を始めるデジタルネイティブ世代である彼らは、さまざまなツールを扱い答えを導き出すことにかけては、すでに高いスキルを持っている」

「先輩社員は、彼らの未熟な面や不安をこれまで以上に汲《く》み取りながらコミュニケーションを取ってほしい。ＡＩチャットボットが適切なデータを取得することで進化していくように、彼らは適切なアドバイスを受けることで、想定を超える成果を発揮する可能性に満ちている」

とのことで、ここでもまたコミュニケーションの配慮が促されている点は非常に印象深いところです。

さて、これらの調査結果から導き出せる若手世代とのコミュニケーションの要点は、「多様な価値観への理解」をベースにした「寛容なコミュニケーション」であり、彼らのちょっとしたプラスの変化や長所に対する「承認の姿勢」といえます。

それによって職場の心理的安全性を高め、彼らの一歩踏み出すアクションを促すことができれば、上司や先輩に対する信頼感は増していくはずです。

誰もが部下時代に経験したかもしれませんが、そもそも部下と上司ではアクセスできる社内の情報に大きな格差が存在しますし、部下の数が増えれば増えるほど、1人あたりの部下に割ける時間も配慮もコミュニケーション量も少なくなりがちです。

部下の知見や視座が、上司や先輩世代からすれば「レベルが低い」と感じることもあるでしょう。仮に部下が様々な疑問や不満を抱いていたとしても、組織的なヒエラルキーや発言力の差により、すべてを上司に伝えることが叶《かな》わないケースもあります。

それによって、部下時代に「なぜ上司はわかってくれないんだ!?」と不本意な思いを抱き、「自分はもっと部下に理解のある上司になるんだ!」と心に決めた人も少なくないはず。今こそ、その考えを行動に移すべきです。

「そうはいっても、日々多忙な中で、いちいち部下をケアして、配慮したコミュニケーションなど取っていられない」と思われるかもしれませんが、だからこそちょっとした配慮が大きな差を生みます。

それらの配慮によって、部下や若手があなたを信頼すれば、自分自身の仕事を進めやすくなります。それが成功体験となり、横展開していくと、あなたの組織も良い方向に大きく変わっていく契機にもなります。

ぜひ、あなたから、その一歩を踏み出して頂ければ幸いです。

第2章

私たちの残業はなぜ
いつまでもなくならないのか?

働き方改革の根本は、「あなたはどう生きたいか？」を突き詰めること

本書の目的は、会社における上司と部下の関係性を改善し、より働きやすい環境をもたらすことです。その大前提として、第2章では**「現在のすべての組織人を取り巻く状況と問題点」**について解説していきましょう。

まず現在、我が国の組織を語るにあたって、**決して避けて通れないのが「働き方改革」にまつわる議論です。**とはいえ、実際に働き方改革の本質を理解している人は案外少ないのが実情でしょう。

「働き方改革」という言葉を聞くと、**「残業が減り、休みが増える」「ワーク・ライフ・バランスを確保でき、生活が充実する」**といったイメージを思い浮かべる方が多いのではないでしょうか。その認識は、決して間違ってはいません。

私自身、これまで数々の企業において、働き方改革を実現させるためのコンサルティングをおこなってきました。その中で痛感した、働き方改革を実践するメリットとしては、以下のような点が挙げられます。

・生産性が向上し、ムダな残業もなくなる
・働く時間や場所に柔軟性が生まれるため、育児や介護など事情がある人も含めて、多様な人材が活躍できるようになる
・無茶な要求をしてくる顧客を断る大義名分になる
・ワーク・ライフ・バランスが充実し、関わる人皆が心身ともに健康な生活を送れるようになる
・結果として、サービスレベルや品質の向上に繋《つな》がる
・優秀な人材が全国から集まり、定着する

いずれも素晴らしい結果です。

こんな成果が得られるなら、我が社でも早急に働き方改革を実行したい、と思われる方も少なくないでしょう。しかし、働き方改革を残業削減や生産性向上のために着手しようとするのは、実は本末転倒なのです。

なぜなら、働き方改革とは、企業や個人が掲げる「目標達成のための効果的な手段」としておこなうものだから。あくまでツールであって、それ自体が目的ではないのです。

たとえば、企業の経営者やリーダーたちならば「**我々の経営理念や経営目標、ミッション、ビジョンを実現・達成するために有効だから**」という意識で改革を進めていくもの。一般社員なら「**自分自身の○○というライフプラン／キャリアプランを実現するにあたって、プライベートの時間を捻出する必要があるから**」といった姿勢を持つことが欠かせません。

大前提として、働き方改革のゴールはあくまで「企業の目標／ミッション達成」であり、「個人の自己実現」にあります。したがって、先に挙げたようなメリットは確かに得られるものの、それらはあくまで、改革を進めていく中で結果的に得られる「副産物」でしかないのです。

「残業を減らす」「業務を効率化する」といった、一見「効果」に見えるものはいずれも働き方改革の「手段」。手段が目的化してしまうと、働き方改革はうまくいきません。

改革を進める第一段階として、経営者以下組織メンバー全員が、

「自分はどう生きるべきか？」

「そのために、有限の時間をどのように活用すべきか？」

という根本的な問いから始める必要があります。誰しも、自分のやりたいことや目標が明確になっていれば、その達成のために努力を厭いませんし、それが努力だとも感じないでしょう。そんな人ばかりの組織であれば、働き方改革は実現しやすいはずです。

しかし我が国では長らく、個々の従業員が各自のキャリアプランを意識して「キャリアを作り上げる」という慣習がありませんでした。結果としてキャリア形成どころか、人生設計自体までをも会社に依存、もしくは丸投げして生きてきたという人が大半なのが実情です。

そうした人からすれば、**「キャリアアップするために、早く帰って○○をしたい！」「会社以外の時間を有効に活用したい！」**という欲求が生まれにくく、したがって「残業削減しよう！」という前向きな意欲に繋がりにくいのが現状です。

この目標不在の状態が、働き方改革の推進を阻害しているのです。

「残業を減らせ」「休みをとれ」と言うだけでは意味がない

そんな中、よく見かけるのが、「残業を減らせ！」「休みをとれ！」と指示だけはしつつ、でも「仕事量とノルマはそのまま」「残業削減の方法はお前らが考えろ」と、従業員に丸投げ状態になっている会社です。

これは、改革どころか「対症療法」とさえも言えず、関わる者は全員シラけるだけ。何もやらないほうがまだマシといえるでしょう。

働き方改革に着手するならば、

「そもそも我々は、いつまでこんな利益の出ないビジネスを続けるのか？」

「仮に全社員が毎日ノー残業で定時退社したとしても成り立ち、充分な利益が見込める『付加価値の高いビジネス』をやるにはどうすべきか？」

という根本的な構造から考える必要があります。

その上で、

「『残業は悪』という概念を浸透させる」

「長時間働く人よりも、効率的に仕事をこなし、短時間で成果を上げている人を評価する」

といった形で、働く人のマインドと制度、双方にメスを入れる「根本治療」をしなければなりません。

働き方改革の実現によって、私たちの生活はより充実し、ワーク・ライフ・バランスが実現する「楽しい」ものになるはずです。しかしその実現に至る道のりは決して「楽（ラク）」ではありません。むしろ、ビジネスパーソンの生存競争が激化するといってもよいでしょう。

厳しい言い方をするならば、これまで我々は残業を前提とした「間延びした仕事の仕方」をしていました。

しかし、働き方改革を実践するとなると、「同じ業務量をより短時間、かつ高密度でこなす」ことが求められます。

労働時間が実質的に短くなる中で効率的に仕事をこなし、成果を上げられる人材の価値が高まるわけです。従前のようにダラダラと作業していた従業員は、自らの働き方を見直さない限り、組織に居場所がなくなってしまうかもしれません。

「平日毎日ノー残業デー」の会社が楽だと思ったら大間違い

組織を挙げて働き方改革に取り組んだ結果、実際に「月曜から金曜まで週5日、毎日ノー残業デー」を実現している会社があります。

では、その会社での仕事はラクかといえば、実態は真逆で、社員への要求水準は大変厳しいものです。なぜなら、普通の会社で残業しながら10時間程度でこなす業務量を、その会社では実質7時間で終わらせなければならないからです。

これまで間延びした仕事をしてきた人にとっては、業務の進め方や優先順位の付け方などを根本的に見直さなくてはならず、ひとつひとつのタスクをこなすスピードも格段に上げる必要もあり、頭も体力も使うことになります。

終業時間になる頃には「精根尽き果てる」といった様子で、**「残業なく帰れる♪」**というよりは**「もう今日はこれ以上仕事できない……」**という状態になってしまうのです。

実際、その会社の「毎日定時退社」という条件に魅力を感じ、長時間労働の会社から転職してきたとある社員は、確かに定時には帰れるようになったものの、あまりの仕事の密度の濃さに**「社長、お願いですから残業させてください」**と懇願したとか……。

「毎日がノー残業の会社」と聞くと、「緩い雰囲気のホワイト企業」をイメージする人が多いかもしれませんが、実態はこのように、ノー残業と引き換えの「高密度ハードワーク」が待っているかもしれません。

日本企業では、遅くまで残業している人を「頑張っている」と評価する風土がまだ根強く残っていますが、そのような牧歌的な時代はもう終わりです。**現在は、より短い労働時間で、より高い成果を上げられる人こそが評価される時代に移行しているのです。**

中小企業にとって、働き方改革は大きな朗報となる

この一連の流れは、真摯に事業をおこないながらも、資金力や知名度、立地などの点で大企業の後塵《こうじん》を拝していた中堅企業や中小企業にとっては朗報と言えます。

自社の働き方を整えることで他社と差別化ができ、先進企業と呼ばれ、広告費を出さずともメディアが取材に訪れ、無料で広報してくれるのですから（もちろん、その

ために改革するわけではないのですが……）。

実際に、小規模で知名度がなかった会社が、働き方を改善して業績向上したことで評判になり、大手メディアからの取材依頼や経営者への講演依頼が殺到したり、これまで見向きもされなかったような上位校出身者や即戦力の経験者からの応募が増加したりするなど、広報面、採用面で大きなメリットを得ている事例もあります。

働き方改革の「生みの苦しみ」を経て、成果を得られているケースを3つご紹介しましょう。

ケース1　金属加工業S社の事例

「企業価値向上、採用成功には働き方改革が有効です！」と説いても、「ウチみたいな下請けの零細企業じゃムリだ！」と反論されることはよくあります。そんなとき、筆者が象徴的な成功事例としてご紹介するのがこちらのS社です。

同社は金属を高精度に切り出す「ワイヤーカット」の受託加工を手掛ける、社員わずか7人の小規模企業ですが、現在は**「ノー残業で社員全員の年収600万円以上」「賞与は夏・冬とも100万円支給」「週休2日」「年末年始やゴールデンウイークは連続10日間の休み」**を実現。メディアからの取材依頼や講演依頼が殺到し、結果的に優秀人材の応募増にも繋がっています。

以前、同社では「**1日12時間労働は当たり前**」という状況でしたが、2008年のリーマンショックを機に改革を加速させます。社員の給与を削らなければならないほど厳しい状況になり、創業会長は社員全員に「**給与を一律30万円にしてほしい**」と依頼しました。その際社員から**「給与が減るなら時間がほしい」**と要請されたことがきっかけで、会長がトップダウンで作業工程や就業形態を見直すことで効率化を徹底。**2010年には完全に「残業ゼロ」を実現させました。**具体的に取り組んだことは以下の点です。

・選択と集中

受託するのは「ワイヤーカット」に特化し、「**他の仕事は受けない**」「**集配・集金しない**」「**年賀状や中元、歳暮等のやりとり廃止**」「**予約優先**」など「選択と集中」をおこなうことで、仕事の効率が上がり、従業員のスキルも向上しました。

・研究と分析

生産性の高い社員と低い社員の違いを研究し、分析した結果、「**できる社員は作業の先を読み、次の仕事の準備をする**」ことが判明。できる社員のノウハウを全員で共有し、作業の無駄を排除していきました。

・覚悟と徹底

会長はまた、従来の残業代分の賃金を基本給に上乗せし、代わりに残業をゼロにするよう指示しました。残業を前提にせず、「**就業時間内にできる仕事は時間内で終わらせる**」ことを徹底させます。会長は「**経営者側もリスクを負うことで、従業員も熱心に取り組めた**」と話します。

結果として社員のスキルは向上し、ムダな待機時間も減りました。仕事の依頼が増えたことで効率的なスケジュールが組めるようになるなど、仕事の効率が良くなった結果、業務の質も上がり、それが売上増にも繋がるという好循環になっています。

ケース2

システム開発業A社の事例

「残業が多くて仕事もハード」というネガティブな印象で語られがちなITシステム業界。A社も、以前は毎日終電帰りが当たり前、徹夜や休日出勤も珍しくなく、人を採用しては辞められて……を繰り返す典型的なブラック企業でした。

しかし、同社社長は2012年に「残業ゼロを実現する!」と宣言し、数々の改革を断行。結果として現在に至るまで残業ゼロを本当に継続し、2017年3月には「ホワイト企業アワード」（日本次世代企業普及機構主催）の「労働時間削減部門」で大賞を受賞。**直近では社員の有休取得率100%まで達成させています。**そのために同社が取り組んできたのは、仕事の「**見える化**」「**自動化**」「**標準化**」「**廃止**」でした。

・仕事の見える化

まず同社では、**社員一人ひとりの生産性の数値をシステムで見える化**しました。社員が日報の登録画面を開くと、その日割り振られているタスクが一覧で出てきます。表示されたタスクごとにその日の進捗を登録していくと自動集計され、生産性の数値が表示される仕組みです。日報登録時に計算されるので毎日最新の情報で更新されます。毎日自分の生産数値を見ることができるので、**自分が何をどこまでやればどれくらいの生産性となるのかを従業員自身が知ることができ、「あと、どれくらい頑張ればいいか」先が見えることで自発的に頑張れるようになりました。**

・仕事の自動化

請求書作成をボタンひとつで出力できるようにしたり、数十件の銀行振込を一括でデータ出力して銀行に送ったりといった、毎月人間が手作業でやっていた仕事をシステムで自動化しました。同社社長は「**いつも同じような定型作業をしている職場では、システムで自動化できる要素は多い**」と語ります。

・仕事の標準化

標準化とは、仕事の**属人化を防ぎ、あらゆる作業を「誰でもできる仕事」に変えていくことです。**社内で1人しか担当者がいない業務は他にできる人を増やしたり、複数人体制にする。また、マニュアルを作成したり、難しい仕事も細かく分解することによって標準化し、他の人でもできるようにしていきました。それによって、**優秀な**

社員だけに仕事が集中して疲弊することがなくなり、経験が浅い社員でも戦力化が進むこととなりました。

・仕事の廃止

「ムダな会議やムダな資料作成を止める」といったことです。同社では、「もしその会議や資料がなくなったらどうなるか」と想像し、特に不都合なく仕事が進められるならムダなので廃止候補、と判断して進めていました。**貴社でも、「今までやっていたから」という理由で、惰性で残っている習慣があるなら、この機会に見直すとよい**でしょう。

同社の場合、社長の決断によって「長時間残業を要求してくるような無茶な顧客の依頼を断った」ことも成功の要因のひとつといえます。「顧客の依頼を断ったら、売上が下がるのでは……？」と心配される方が多いかもしれませんが、そういった無茶な要求に応えようとすることで結果的に残業になり、**優良顧客に割く時間が奪われ、全体的なクオリティも下がってしまうと判断したのです。**

実際、残業ゼロ宣言をして以降、同社の売上は過去最高を更新。結果的に同社の取り組みは業界内で広く関心を集め、多くのメディアにも取り上げられたことで応募者が殺到。以前は多額の求人広告費を費やしても採用に苦心していましたが、同社の姿勢や社長の考えに共感した経験者が自社Ｗｅｂサイトや紹介経由で多数集まるようになったことで、お金をかけずとも厳選採用ができるようになりました。

現在は、逆に職業訓練校からお金を払ってもらって実習生を受け入れ、そこから採用に至る道筋もできているほどです。

ケース3　仮設資材リース会社Ｔ社の事例

「仮設資材」とは、建設現場で用いる足場や仮囲い、仮設事務所や仮設トイレなどのこと。扱う商材で差別化ができず、**常に競合他社との競争に晒《さら》され、新卒学生にはイメージが湧きにくいという、採用においては困難を強いられる業態です。**実際、同社でも新卒採用を開始した当時は、合同説明会に出展してもブースを訪れる学生は皆無で、社長がショックを受けたほどでした。

採用に苦心する中、社長は「**若者に人気のない中小企業をどう魅力的にするか**」と考え、まず「**有給休暇取得率100％、完全週休2日制実現**」を従業員に対して宣言しました。

最初は従業員も疑心暗鬼で、「休んだら評価が下がるのでは？」といった反応でしたが、「誰かが休んだ分の仕事のシワ寄せが自分たちに来るのでは？」社長の思いを個別面談で伝え続けたり、有休取得率の低い社員の名前を朝礼で読み上げるなどの対応をおこない、休むことが当たり前という意識を醸成していきました。

とはいえ、仕事量自体やこれまでの仕事の進め方などを見直さなければ安心して休めません。会社全体で、次のことに取り組みました。

・「仕事の習慣」を見直し

これまで当たり前となっていた仕事の進め方や仕事の習慣を徹底的に見直していきました。たとえば、残業の発生原因になっていた書類の事務処理については、「**急ぎのもの**」と「**翌日以降の対応でもよいもの**」**に分けて優先順を明確にする**など、細かい改善を積み重ねることで小さな成果を上げていきました。成果が上がるのを目の当たりにし、従業員も自主的に改善案を考え、実現できるようになっていったのです。

・「お客様は神様マインド」を見直し

休みを取りやすくするためには、会社が推進する働き方を取引先にも理解してもらい、なおかつ協力してもらえる環境を作らなければなりません。そのため同社は取引先に対して断固たる姿勢で**「当社は残業しません」「休日は仕事を受けません」**と宣言し、社長自ら説明して回りました。実際、営業時間外に機材の返却に訪れた取引先に対しても門を開けず、引き取ってもらうこともありました。**現在も、協力してほしい事項を書き記した紙を持って、担当者が月一度のペースで取引先の現場を地道に巡回しています。**

・「大口取引先依存」を見直し

少数の取引先に売上を依存してしまうと、多少無理な要求でも受け入れなければならない場面に遭遇してしまうことがあります。同社ではそのような状態に陥ることを避けるため、取引先の分散を進めました。売上の1割強を占めていた大口取引先からの仕事は減らして、取引先の新規開拓を進め、現在の取引先は約200社まで増加。1社あたりの取引依存度は数%にまで減少しています。

結果として、取組開始から5年で**「日祝、第2土曜全社休業」**を実現し、年間123日の所定休日を確保できるようになりました。**仕事の省力化、効率化により生産性も向上**。

現在の平均残業時間は**「年間2時間」とほぼゼロを達成**し、有休もほぼ完全取得を実現させせました。現在は毎年2～3名の採用枠に対して、数百人の希望者が殺到する人気企業になっています。

ご覧頂いたように、働き方改革を有効に活用できれば、戦い方次第で、中小企業が大企業とも互角に勝負できるというチャンスが広がりつつあります。

実際、**「法律を順守して、従業員のライフスタイルや健康に配慮した企業」**というポジティブな印象を与えられるインパクトは大変大きいものです。

経済産業省調査によると、「就活生が就職したい企業」「就活生の親が就職させたい企業」のアンケートにおいて、得票率が最も高かった要素は**「従業員の健康や働き方に配慮している」**（就活生43・8％、親49・6％）で、**「知名度が高い」**（就活生10・9％、親2・3％）、**「企業規模が大きい」**（就活生9・3％、親6・7％）、**「給与水準が高い」**（就活生23・9％、親31・3％）をいずれも大きく上回っています。

働き方改革関連法によって改正された労働基準法では、時間外労働の上限規制と並行して、**２０１９年４月より「有給休暇の強制付与」が義務化されました。**会社が毎年時季を指定し、年５日分の有休を社員に与えることが必須となりましたが、長時間労働が常態化し、仕事も属人化していては対処も困難なはず。しかし、実際に年５日の有休を取らせなければ労基法違反になってしまいます。

このような制度変更に迅速かつ柔軟に対応できる組織であれば、中小企業というカテゴリの中で頭ひとつ抜け出せることは間違いありません。

ただ、改革定着には時間を要するため、任期のあるサラリーマン社長の場合は、**「成果が出て、世間から称賛される頃の経営者は自分ではない」と気づき、改革への勢いが急激に減退するケースもあります。**

結局「ワンマン」と呼ばれるくらいの強い権限を持ち、自身の一存で強力に物事を進められる中小企業のオーナー社長のほうが改革には向いているとも考えられます。

そのままでは知名度や規模で大手には敵《かな》わなくとも、改革成功の暁には、労働環境の良さや多様性が受け容れられる社風といった要素により、優秀な人材に選ばれる会社になれる可能性はむしろ高いとさえ言えます。

一方で、従業員を使い潰し、正当な評価もできないブラック企業からは早々に人材が流出し、淘汰されていくことになるでしょう。

組織トップや管理職は「残業」への覚悟を持つ必要がある

働き方改革実践のために打つべき手、やるべきことはそれこそ星の数ほどあります。実際に有効だという声が多かったものは後述するとして、最初に組織トップや管理職がやるべきことがひとつあります。

それは

「何があっても絶対に残業をさせないし、残業を許可しないという覚悟を持つ」

ということです。

実際、これは、働き方改革先進企業の経営者が皆、口を揃えて言っていることです。この覚悟を持たないまま、業務効率化だけを推進した会社はどうなったのか。

確かに効率化自体は成功して既存の業務対応にかける時間は減っていきましたが、創出できた時間に新たに無尽蔵に仕事が入ってきてしまい、結局総労働時間は変わらないまま……という残念な結果に終わっていました。

経営トップが「**絶対に残業は許可しない**」覚悟を持つのは大変な困難です。ただ、物理的に仕事ができない状態になって初めて「**本当に重要で優先度が高い仕事**」にフォーカスできるようになるのと同時に、**従業員は「本当に残業させてもらえないらしいぞ」と意識するようになり、仕事の進め方も見直さざるを得なくなる**、というのもまた事実。

顧客から理不尽な要求があっても、どうやってもできないものは「できない」と伝えるしかないし、それで売上が下がるのならば、売上や利益を賄える新たなビジネスや付加価値を創出したり、自社の取組に協力的な取引先を開拓したりしていくしかありません。

大変なプレッシャーであることは間違いないですが、それくらいの覚悟を持って根本から問題解決しなければ、「改革」とはいえないのです。

逆に言えば、「**顧客からの理不尽な要求でも、残業してでもなんとかこなす**」こと**を続けているから長時間労働が解消されない**し、充分な利益もとれず、従業員も疲弊してしまうのです。

無茶な残業を要求してくる顧客にとって、あなたの会社は**「理不尽な要求でも受け容れる会社」だとなめられているかもしれません。**

それはすなわち、「当社の差別化ポイントは長時間労働です」と喧伝《けんでん》しているのと同じこと。あなたの会社は「残業」よりも「品質」で選ばれるべきなのです。

働き方改革を進める上で知るべき3つのポイント

経営トップ、もしくは管理職やリーダーであるあなたが覚悟を決めるべきなのは、組織内に余計な混乱を引き起こさないためでもあります。

ただ、改革を進める上で大切なポイントが3つあります。

（1）対立意見は簡単には切り捨てない

働き方改革自体は「総論賛成」だとしても、実際にコトを進めていく中では、ライフ重視型やワーク重視型など、様々な価値観における「正しさ」がせめぎ合うため、「各論反対」となりやすいものです。

対立の事例としてよくあるのが、「仕事は効率的に終わらせて早く帰るべき」だという意見に対して、「効率を重視し過ぎたがゆえに、サボり、手抜きが生まれている。これは許さない！」と怒りの声が上がること。

他にも「無駄な会議は止めるべき。できるだけ会議を減らし、会議をおこなう場合はオンラインでの対処を進めていくことが大切だ」と意見を言えば、「お互い顔を合わせることに意味があるのだから、定期的な会議は必要だ！」と声を上げる人が出てくる。

「残業はすべて悪」とすれば、「でも、仕事が終わっていないのだから、残業をせざるを得ない者はどうするのか」という意見が出ることも……。

これらの対立意見は、バッサリ切り捨てることが難しいのが実情です。反対意見を放置したまま進めてしまうと、改革が途中で瓦解することになるため、充分なケアが必要です。

（2）功労者に対するケアを忘れずに

組織に新たな価値観を浸透させようとすると、既存の価値観の中で尽力してきた功労者との不整合が生じることもあります。

特に、これまで長時間労働を積極的にこなすことで評価され、現在の地位に上り詰めてきた管理職層にとっては、自らの存在価値が毀損されるリスクもあるため、抵抗勢力として声を上げ、働き方改革に反対するといったケースもあります。これら功労者に対する敬意は忘れず、改革の主旨とゴールイメージを丁寧に説明し、充分に納得してもらう時間を設けましょう。

（3）管理職へ作業負担が集中しないように注意

労働時間制約から部下が早く帰るために、管理職層に業務のシワ寄せが集中するというケースも見られます。

管理職が個人レベルで奮起しても、自身はワーク・ライフ・バランスを保てておらず、その姿を見た部下は昇格したくないと考えるなどのネガティブな波及効果も起こります。

だからこそプロジェクト実行前に、組織内での意思統一を綿密におこない、一枚岩となっておく必要があります。成功企業の大半は従業員一人ひとりと膝を突き合わせるレベルで改革の目的と組織の将来像を伝え、社員全員を協力者にしています。

「生産性の向上」とは、いったい誰がやるべきものなのか？

働き方を見直す際に真っ先に言及されるのが「生産性向上」というキーワードです。しかし、**経営者や管理職が安易に生産性について語ると混乱が生じる可能性も高いです。**

その理由は、「生産性向上」と言っても、個人の生産性か、チームの生産性か、事業の生産性なのかによって、意味やアプローチがまったく異なるからです。目線合わせがないまま「生産性を向上させろ！」とハッパをかけても、見当はずれの方向にムダな努力をすることになりかねません。

そもそも「生産性」と語られるものには、**少なくとも3種類の階層が存在します。**それぞれどのような違いがあるのか見ていきましょう。

まず、**「事業の生産性」**があります。これを上げるには、最小のコストで最大の収益を得ることが必要で、高付加価値の商品開発や、売れていく仕組みとしてのマーケティングに注力する必要があります。これは経営層レベルの責任範囲といえるでしょう。

続いて、「**チームの生産性**」があります。業務配分や人材配置を適正におこなって、組織リソースのムダやムラを是正しつつ、顧客との利害調整も丁寧におこなう組織マネジメントが鍵となります。これについては、管理職層の判断領域となります。

そして、多くの企業で一般的に語られる生産性が、「**個人の生産性**」です。これは、ムダな作業や余計な手間を削減し、やるべき仕事に集中して成果を出すという個々人のセルフマネジメントが重要になります。

このように働き方改革とは、一般社員に「生産性を上げろ」と言うだけではダメですし、人事部門だけでなんとかなる問題でもありません。

経営者が「結果が出るまでやり切る!」と覚悟を決め、管理職や一般社員が一枚岩となり、「自ら業務効率化して早帰りする!」「積極的に有休取得する」といったコミットメントがあってようやく走り始めることができるものなのです。

企業から残業をなくすために欠かせない、大前提とは?

長時間労働が常態化している背景は、法律の建付け、日本独自の労働慣習、硬直的な社内制度、残業しかアピールしどころのない従業員の意思、顧客からの理不尽な要求……など様々ありますが、結論からいえば、ほぼすべて何かしらの原因が存在しています。すなわち、**ロジカルに解決していけば長時間労働は解消される**、ということでもあります。

しかし、多くの組織ではそれができていません。

なぜなら、目の前にいろいろと問題があったとしても、とにかく「**残業でカバー**」**して、結果として仕事は終わらせられているからです。**本来「残業」は最後の手段であるはずなのに、手軽であるがゆえに多くの人がなんの疑問も抱かずに活用しています。仕事は確かに完了しているので、誰も問題視しません。**その結果、「なぜ残業しなければならないのか」「どうしたら残業せずに済むのか」といった改善のキッカケをつかむところまで至らないのです。**

そのため、私自身がクライアント企業に入り込んで労働環境改善のサポートをおこなう際は、まず従業員の皆様に「長時間労働がなくならない理由」をタブーなく挙げて頂くようにしています。最初は「ウチは残業が当たり前で、そんなの考えたこともなかった」といった反応ですが、じっくり考えて頂くうちに、次のような意見が出てくるのです。

「残業前提の過大な仕事が存在する」
「誰も見ない資料作成など、本来必要ない作業をやっている」
「仕事の進め方や手順に無駄や無理がある」
「上司が部署のタスクの全体像を把握しておらず、割り振りに偏りがある」
「IT化、機械化が進んでいない」
「顧客からの無茶な要求を、断りも調整もせずにそのまま受けている」

実はこれらの問題こそ、改善のきっかけとなるのです。ひとつひとつ向き合えば、解決できるものばかりです。

ここから、経営者の方に改善を最優先するよう腹をくくって頂きつつ、「**問題を個別に判断し、止めるものは止め、減らすものは減らし、外注するものは外注する……と片付けてください**」とお伝えしていきます。これが、残業を減らすための最も大切な大前提です。

繰り返しになりますが、**問題への対処は、必ず経営者が責任をもって決断すること**

が肝心です。

なぜなら、同じことを現場からボトムアップでやろうとすると「**仕事を減らそうなんて、楽をしようとするな！」「そんな金がかかることはできない！**」と、途中で潰されてしまう可能性が高いためです。ここは経営者が覚悟を決め、自身の責任において判断しなくてはなりませんし、現場の社員たちは経営者にその必要性をしっかり伝える必要があります。

ノー残業を達成する上で、魔法の杖《つえ》は存在しない

ノー残業を達成している働き方改革先進企業は、とりたてて特別なシステムやルールを作っているわけではありません。**むしろ、成功している企業に共通するのは、ごく一般的な、アナログにさえ見える取組を、定着するまで地道にやり続けていることだといえます。**

一振りすればすべての残業が一瞬でなくなるような、魔法の杖的な成功法則は存在しないのです。

先進企業で実際に効果があった導入施策例としては、次のようなものがあります。

・年次有給休暇取得の促進と、取得しやすい有休プランの導入
・「ノー残業デー」等の習慣的制約の導入
・PC強制シャットダウン
・オフィス強制消灯＋再点灯不可
・超過勤務発生時の上長への報告義務＋残業許可制＋是正報告を必須化
・経営者や役員による職場巡回

このうち、「取得しやすい有休プラン」の導入成功事例としては、建築物の塗装や外装工事を手掛けるN社のケースが挙げられます。同社では**人材確保・定着が深刻な課題で、高卒者を採用しても、資格を取得して一人前になるまでに退職していくことが課題でした。**

若手従業員が定着し、力を発揮してもらうためには「個々の従業員のニーズに沿った柔軟な働き方ができる労働環境整備」が必要だと考えた経営者は、**「1時間単位で取得できる年次有給休暇」**

「30分単位で取得できる家族看護用の特別有休」
「30分単位で使える育児時短勤務制度」
「育児や介護のための始業・終業時間の繰り上げ／繰り下げ」
「休日出勤・深夜残業等の疲労蓄積をチェックし、代休・振替休日の取得奨励」
「男性の育児休暇取得の奨励」などの施策を次々に実施。

結果的に、相互に仕事のフォローをおこなうことで組織内コミュニケーションの頻度が高まり、仕事のクオリティが向上。資格取得者も増え、公共工事なども受注できるようになりました。**20年たった今、業績は連続黒字を確保。**従業員は倍増するとともに、**離職率は、かつての30％以上が実質ゼロになる**という成果に繋がっています。

「PC強制シャットダウン」導入の成功事例としては、全国展開しているS生命保険のケースが挙げられます。

同社では毎晩7時40分と50分、業務用PCに「**間もなくシャットダウンします**」との**警告が一斉に表示**されます。そして**午後8時にはPCが強制シャットダウン**され、ローカル環境のデータも消去されてしまうのです。

またオフィスのPCのみならず、外勤社員に貸与されている**スマートフォンも同様**

に、午後8時以降は使用不能になる仕組みとなっています。データを個人PCに移し替えて持ち帰り残業することはもちろん不可能。翌朝も管理職は午前7時、一般社員は8時にならないと業務システムへログインできない設定になっています。

このように「物理的に仕事をできなくなる仕組み」によって、従業員のダラダラ残業はなくなり、午後8時までに仕事を終わらせる前提でタスクを組み立てられるようになりました。同時に、夜になってからの上司による「今日中にやっといて」といった無茶振りもなくなったとのこと。

ちなみに、事前に申請すれば1時間程度、シャットダウン時間を延長することも時刻を変更することも可能ですが、その際もよほど特別な事情がなければ許可されないなど、管理が徹底しています。結果として、制度導入当時の「3カ年で総労働時間の1割削減」との目標は、11・6%（1人あたり年間約254時間）の削減となり、達成に至っています。

一方で、休暇取得や早帰りを奨励しても、そもそも仕事量や目標設定が何も変わらないまま掛け声だけに終始していたり、従前の仕事の進め方や評価システムは変わらなければ、従業員が隠れて持ち帰り残業する形でしわ寄せがきてしまったり、**「長時間残業して、一見仕事を頑張っている風に見える社員」**が評価されてしまったりすることになりかねません。

休みを積極的に取得して早帰りしつつ成果を出している社員は、「ヒマだったらもっと仕事しろ!」と言われ、却《かえ》って仕事が増えているのにさほど評価もされず、バカを見る事態になってしまう、といった「ザル制度」となる事態は避けるべきです。

やるなら**「残業には上長の許可と、今後残業を発生させないための改善提案に承諾を得ることが必要」**とか**「終業時間を30分以上経過したらエレベーターが止まる」**くらいの物理的な強制が必要です。

大切なのは、**「残業は絶対悪」というマインドセットと、例外を許さずに定着するまで口酸っぱく言い続けて「習慣」にすることです。**

腹をくくって「生みの苦しみ」を経た企業が、結果的に素晴らしい成果を得ているのです。

ここまで読んできて**「働き方改革は思ったより大変だ」**と思われた方が多いかもしれません。しかし、それこそが真理なのです。

働き方改革推進の難易度は高いです。

むしろ、簡単にできてしまうのであれば「改革」という呼び方はされないでしょう。「面倒だからやらない」という選択肢ももちろん「アリ」ですが、残念ながら私たちは時代の流れには逆らえません。今後労働人口はますます減少し、労働者も休日は休み、残業はしたくないという人が明らかに増えています。そんな時代に旧来型のマネジメントを継続していては、優秀な人材を採用できないのは目に見えています。

つまり、より早く腹をくくり、より早く働き改革を実践した企業こそが、これからの不確実な社会で生き残れる企業であるということ。ワーク・ライフ・バランスを実現した会社こそが、従業員から愛着を持たれ、顧客から選ばれ、地域社会から応援される存在になるはずです。

ぜひ管理職やリーダーであるあなたが「一歩踏み出す」勇気を持ってください。そして「そんなことはわかってるけど、ウチは特殊だから難しいんだよ……」という状態から「ウチは改革を実践して、これだけの成果があったぞ！」と喧伝できる日が1日も早く訪れてほしいと願っています。

第3章

部下のやる気と生産性を上げるコミュニケーションとは?

私がご依頼を頂く講演や研修のテーマとしてもっとも継続的な需要を誇っているのが、「**なぜあの会社には若い人が集まり、辞めないのか?**」というタイトルの、若手人員の採用・定着にまつわるものです。

参加者の方は管理職から経営者層、年齢にして40代後半から70代くらいの方が多いです。最初は本書の第2章でご説明したような、昨今の若手社員におけるマインドの変化に関するお話をお伝えし、まず意識を新たにして頂くところから始まります。

そこでは、「**昇給よりプライベート重視**」「**厳しい指導は避けられがち**」「**丁寧なフォローが重要**」といった変化が語られるわけですが、それだけを捉えて「**最近の若者は打たれ弱い!**」「**俺たちの若い頃は……**」などと感じてしまうと、まさに若者から忌避される「老害」認定がなされてしまうかもしれません。

リクルートマネジメントソリューションズや日本能率協会の調査で明らかになっているのは、**彼らは総じて成長意欲、貢献意欲はあり、「この仕事の意義」「目の前のタスクの意味」さえ納得できれば前向きに行動できるということです。そして仕事は長時間労働か否かよりも、その成果や質で評価されたいし、仕事に必要なスキルや能力**

の獲得は自己責任であると、ある意味シビアかつドライに捉えているのです。

そのマインドに、我々管理職側も寄り添ってコミュニケーションを取っていくべきでしょう。

一方で、管理職世代が戸惑う点としては、「働くうえで大切にしたいこと」への回答において**「任せられた仕事を確実に進めること」**（38・9％）の割合が過去最高となり、**「何事も率先して真剣に取り組むこと」**（13・8％）が過去最低となったところでしょう。**「成長したいと言っておきながら、率先して行動するわけでもなく、与えられた仕事を頑張るとはどういう了見だ!?」**と感じてしまうのも無理はありません。

この志向は、決してやる気がないというわけではなく、失敗に対する不安感が大きいゆえの**「堅実に仕事を進めていきたい」**意思の表れ、と捉えるとよいでしょう。教育の変化によって、厳しく指導されたり否定されたりする経験に乏しく、またサービスの発展によって、自発的に行動する経験も積みにくい時代です。

さらに、学生時代の貴重な数年間をコロナ禍中で過ごしたことにより、学外での活動を通した成功体験、失敗体験も充分に得られていないといった背景要因も考えられます。だからこそ、失敗への不安を早期に払拭し、彼らの成長意欲を着実にフォロー

**Q あなたが仕事をする上で重視する事は何ですか？
当てはまるものに最大2つまでチェックを入れてください。**
（n=1173/2つまで複数選択）

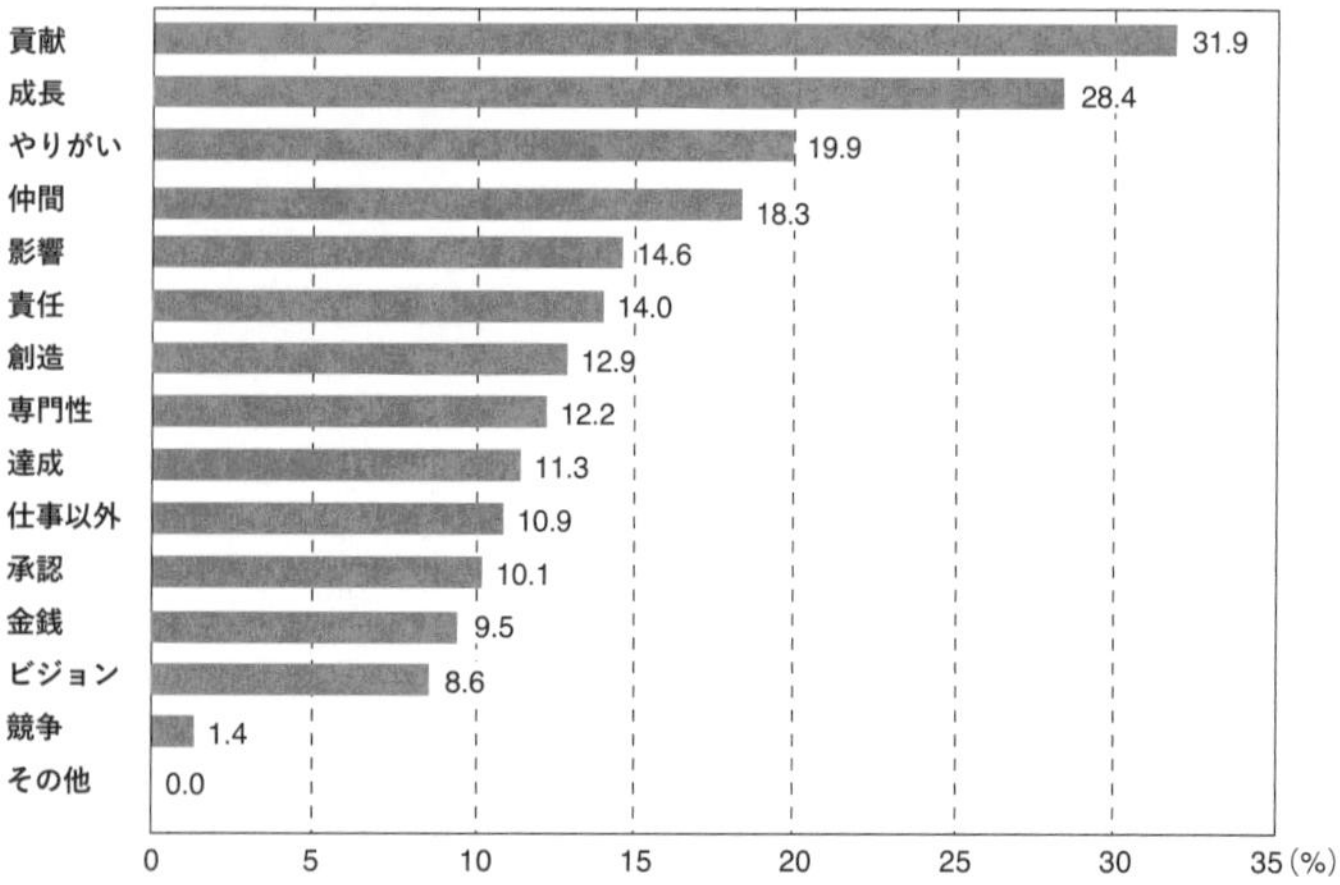

エピソード	内容
貢献	自分が成長できる
成長	人や社会に役に立つ、感謝される
やりがい	やることの意味や意義が強く感じられる
仲間	仲間と支え合う、皆で一体となって強く取り組む
影響	世の中に影響を与える、多くの人を動かす
責任	専門性を深める、第一人者になる
創造	責任を果たす
専門性	人から認められる
達成	目標を達成する
仕事以外	新たな価値を生み出す、ゼロから創り上げる
承認	プライベートの充実をはかる、仕事以外の楽しみを持つ
金銭	より多くの報酬を得る
ビジョン	自分のビジョンや夢を実現する
競争	競争に勝つ、NO.1になる

（株式会社リクルートマネジメントソリューションズ「新入社員意識調査 2022」
https://www.recruit-ms.co.jp/upd/newsrelease/2206281825_6171.pdf）

● A:働いた仕事の「量」で評価される職場　B:働いた仕事の「質」で評価される職場

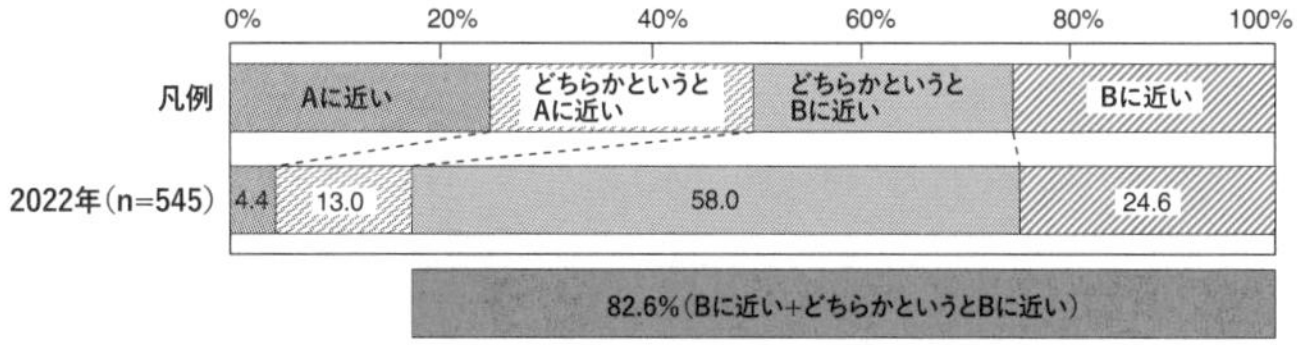

● 仕事に必要な能力やスキルを身につけることの責任は誰にあると思いますか。

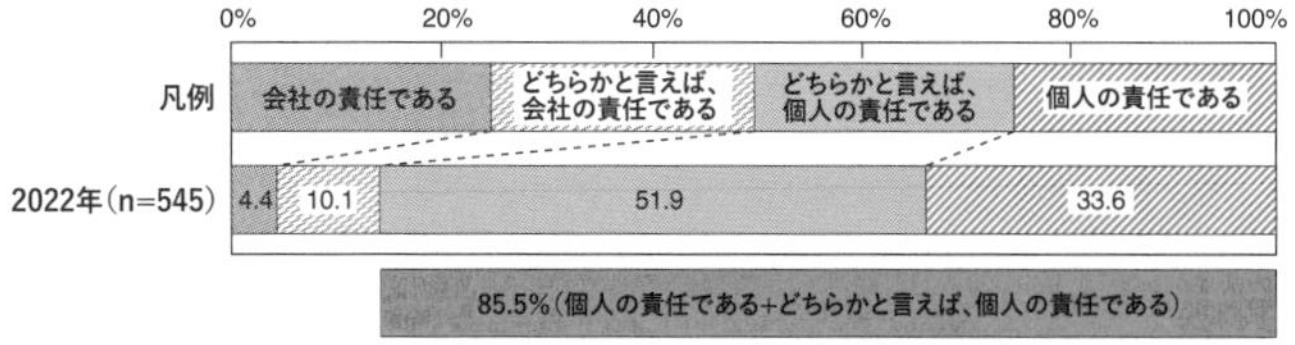

2022 年度新入社員意識調査（一般社団法人日本能率協会）

働くうえで大切にしたいこと

Q あなたが社会人として働いていく上で大切にしたいことは何ですか?
（最大3つまでの複数選択/pt=ポイント）

選択肢選択率順）	2023年（N=508）	2022年（N=525）	昨年との比較	5年間の比較	10年間の比較
仕事に必要なスキルや知識を身につけること	48.5%	49.0%	-0.4pt⬇	7.1pt⬆	9.4pt⬆
周囲（職場・顧客）との良好な関係を築くこと	43.2%	45.0%	-1.7pt⬇	4.1pt⬆	3.8pt⬆
社会人としてのルール・マナーを身につけること	43.0%	45.3%	-2.3pt⬇	0.3pt⬆	-3.3pt⬇
任せられた仕事を確実に進めること	38.9%	35.6%	3.3pt⬆	6.5pt⬆	5.8pt⬆
失敗を恐れずにどんどん挑戦すること	29.3%	24.8%	4.5pt⬆	10.1pt⬆	0.4pt⬆
元気にいきいきと働き続けること	26.9%	33.9%	-7.0pt⬇	-5.7pt⬇	-4.7pt⬇
仕事で高い成果を出すこと	15.1%	14.9%	0.3pt⬆	-7.4pt⬇	-0.8pt⬇
何があってもあきらめずにやりきること	14.1%	13.9%	0.2pt⬆	-4.6pt⬇	-6.2pt⬇
新しい発想や行動で、職場に刺激を与えること	13.8%	10.1%	3.7pt⬆	-2.9pt⬇	0.8pt⬆
何事も率先して真剣に取り組むこと	13.8%	15.6%	-1.9pt⬇	-3.6pt⬇	-8.4pt⬇
会社の文化・風土を尊重すること	2.9%	1.5%	1.4pt⬆	-0.8pt⬇	0.6pt⬆
その他（具体的に）	1.4%	0.2%	1.2pt⬆	0.1pt⬆	0.7pt⬆

（株式会社リクルートマネジメントソリューションズ「新入社員意識調査 2022」
https://www.recruit-ms.co.jp/upd/newsrelease/2206281825_6171.pdf）

するための「丁寧なコミュニケーション」が求められるのです。

これらの前提を踏まえ、若手社員との良好な関係性を築くために有効な心構えを挙げるとすると、まずは次の3つとなるでしょう。

（1）多様な価値観への寛容さ

転職を前提としたキャリア形成志向、副業や兼業への興味、プライベート重視姿勢などを尊重する

（2）承認のコミュニケーション

相手の成長や小さな変化に気づき、こまめに承認することで心理的安全性を高める

（3）「丁寧なフォロー」

相手の意欲を捉え、行動を促したり、試行錯誤に伴走したりするなど、フォローを意識的に実施する

このような、傾聴と承認をベースとした丁寧なコミュニケーションの蓄積を踏まえて、心理的安全性を高めることができれば、部下たちの自発的な貢献意欲も引き出す

ことができていくのです。

「◎◎してくれてありがとう」と伝えられる上司が支持される

経営側として人を雇用する上でまず心得ておきたいことは、相手がどんな人物であっても積極的な（できれば、意中の人と同等程度の）関心を持つことです。

そうすれば自然と、

「どうすれば良い関係性を築けるだろう……」
「どうすればこちらに興味関心を持ってくれるだろう……」
「どうすれば楽しいと感じてもらえるだろう……」

と意識して考えるようになるはずです。

そうなれば当然、こちら側から積極的に挨拶をしたり、挨拶の後にちょっと一言加えて会話しようと工夫したりするでしょう。それくらいの関わり方を意識し、少しずつ実践するところから始めてみることをお勧めしたいのです。

理想は、「自分の仕事が誰かの役に立っている」「自分が必要とされている」と気づ

かせる機会を極力多く設けることです。

実践は簡単です。仕事を任せてやり遂げてくれるたびに、**「◎◎してくれてありがとう」「◎◎してくれて嬉しかった」**と具体的に伝えるのです。

彼らが普段当たり前にやっていることが、周囲の誰かの役に立っていて、それが感謝されるという状態を顕在化させれば、たとえ任せている仕事が単純作業でもルーティンワークでも「やりがい」を感じられるきっかけとなるはず。

「あいつはお荷物な存在だ」という前提で捉えるから、問題行動が目に付いてしまう……というケースもあり得ます。**メンバーは皆仲間という前提に立ち、どうしたら皆が心地よく働ける環境になるか、ネガティブな要素をひとつずつ解消していきましょう。**

大切なのは組織の「言える化」

第2章では労働環境改善について解説しましたが、本章では**効果的な組織内コミュニケーションを実現する方法論**について述べていきます。

とはいえ、やるべきことはさほど複雑なものではなく、ごくシンプルな次の3点です。

- **メンバーに関心を寄せる**
- **メンバーを承認する**
- **メンバーをサポートする**

この3点を意識し、コミュニケーションを地道に取っていくだけでよいのです。

組織のエンゲージメントを高める上では「密なコミュニケーションが重要だ」とよく言われますが、これは単に「**頻繁に会話する**」**という意味だけにとどまりません。**

管理職自身が、個々のメンバーに対して積極的に強い関心を持ち、彼らのキャリアプランやライフプランまで把握した上で、日々の行動・言動を注意深く観察し、相手の個性や状況を踏まえること。そして、**相手にとって受け容れやすく、また相手が意見を表明しやすい関係性を構築・維持すること**に他なりません。

組織内の各メンバーが担っているタスクや進捗状況を常に可視化し、問題が発生してもすぐに対処できる環境を整えることを、本書では組織の「見える化」と呼んでいます。そして、お互い本音を言い合えたり指摘し合えたりする関係を作り、問題点や解決策を共有・対処できるようにすることは組織の「言える化」と呼べます。

それはまさに昨今重要視される「心理的安全性」の確保にも繋がる取組といえます。

では具体的にどんなアクションを起こしていけばよいのか、順番に説明していきましょう。

大前提として、あなたと部下は大きく違うということを認識しよう

「新人たるもの、毎朝誰よりも早く出社するべきだ」

「自分が若いときは、残業や週末出勤など当たり前だった」

「有休取得後に出社したら、上司や周囲のメンバーにお礼を伝えるものだ」

実は、こうしたあなたが抱いている「前提」が部下とのコミュニケーションを妨げ、仕事の生産性を下げる要因になっているかもしれません。

大前提としてお伝えしたいのですが、本書を手に取ってくださるような創業経営者や、組織内で管理職など上席ポジションに就いている方々は、**そもそも「自発的に成長できる希少なタイプ」なのです。**

皆さん方は、上司や先輩からめったに褒められなくても、それどころか厳しく叱責されても、「なにくそ！」といった精神力で逆境を糧に成長できてしまう、世の中全体を見渡してもレアな方々です。**しかし、世の中の多くの人は、誰かに「認められ」「褒められ」「育てて」もらわないことには、成長できません。**特に、その傾向はこの十数年間で顕著になっています。

もちろん「認めて褒められたいなら、まずはきちんと一人前に成長してもらわないと」と思われる気持ちもわかります。ただ、**多くの人は、「認められる」「褒められる」ことでやる気になり、努力し、成長する……という段階を踏む必要があるのです。**

つまり、あなたと部下とではタイプが大きく異なり、あなたは大前提を共有していない人を相手にしていることを念頭に置いてほしいのです。

部下のやる気を保ちつつ、かつ、自分の管理するプロジェクトを遂行してもらう。そのために必要なことは何かを検証していきましょう。

「コンテンツ」よりも「コンテクスト」を意識しよう

私たちのコミュニケーションには、2つの要素があります。

ひとつは、「言葉」や「文字」「表情」など、我々が比較的容易に感知できる「コンテンツ」。もうひとつは、相手の「感情」や「意識」「価値観」など、表から見えにくく感知が困難な「コンテクスト」。この両方に気を配ることが重要です。

俗にいう「コミュニケーション力が高い」状態を目指すにあたり、多くの人は前者の目に見えてわかりやすい「コンテンツ」を強化しようとするものです。

具体的には、

「面白く相手を惹《ひ》きつける話題を提供する」

「ロジカルでわかりやすい構成で伝える」

「大きな声でハキハキと、笑顔で話す」

などが挙げられます。

もちろんこれらも重要ですが、実は効果が大きいのは後者の「コンテクスト」を意識することです。

たとえば、会話をする上でも、

「なんとなく反応が鈍いから、この話は早々に切り上げて次の話題に移ろう」
「スポーツ観戦が好きだという相手に合わせて、サッカーにたとえて話してみよう」
「相手はハードワーク肯定派だから、単に『残業するな』じゃ通じないだろうな」

などと、相手の状況や感情を意識しながら会話するほうが、効果は大きいのです。

特にビジネス上のコミュニケーションの場合、相手が自分と同じ感情や共通の価値観を持っていることはあまり期待できません。

なので、「そもそも、根本的に相手とは理解し合えていない」という前提で、「相手の気持ちを意識し、共感すること」が重要になってくるのです。

「コンテクスト」を意識する上で重要なこととは?

とはいえ、「コンテクストを意識する」といっても、具体的に何をすればよいのでしょうか。まずは日々のコミュニケーションにおいて、次の2点を実践するところから始めることをお勧めします。

（1）「話す」よりも「聴く」

大切なのは、「聞く」ではなく、「聴く」こと。つまり「相手の話に関心を持ち、積極的に耳を傾けること」です。

コミュニケーションの方法論では、どうしても「話す」方面のノウハウが重宝され、「聴く」ことはあたかも受け身の行為であるかのような印象を持たれがちです。

でも、実態は真逆です。

「聴く」とは、「頷《うなず》き」や「相槌《あいづち》」、視線や身振り手振り、態度も含めた「反応」によって、「あなたの話を真剣に受け止めていますよ」と全身で伝える、能動的な行為です。

たとえば、部下が話している最中もパソコンの画面に目を向けたままだったり、「次に何を言おうか」「どう突っ込んでやろうか」などと考えていたりして、肝心の会話内容の記憶はあいまいな上司は少なからずいるものです。でも、自分の大切な話をあたかも上の空のように聞き流されていたら、部下が嫌な気分になることは間違いないでしょう。

「何かタメになることを言ってやろう」と無理矢理教訓めいた話で締めようとするよりも、相手の「話したい気持ち」を推し量り、誠意をもって「聴く」ことのほうがはるかに重要です。

中でも大切なのが、相槌《あいづち》です。

会話における相槌の効用は、少しの配慮で好印象を得られる大変大きなものですが、意識的におこなっている人はさほど多くありません。

「はい」「ほう」「ええ」「なるほど」「おや」「おぉ」「ほほう」「ふーむ」……などといったバリエーションを使い分けるだけでも、相手は自分の話をしっかりと聴いて受け止めてくれている、という確かな印象が伝わってくるものなのです。

また、相槌は相手の話への積極的な興味関心を示す方法でもあります。

「えぇー！」「そうなのか⁉」「驚いた！」「すごいなあ」「なんだって⁉」「そんなことってあるんだね！」「知らなかった！」「本当か⁉」などという積極的な反応が返ってきたら、話し手としても「自分の話に興味を持って聴いてくれているな」と張り合いが出るものですよね。

さらには、相槌には相手の話を促し、会話を広げる働きもあります。

「それからそれから」「で、どうなったんだ⁉」「続きを聴かせてもらえる？」などの能動的な反応が返ってくれば、話し手は確実に盛り上がり、もっといろいろなことを話したい気分になることは間違いありません。さらには、積極的な興味を持って聴いてくれている相手に対して親近感を抱くようになるのです。

特に、自分自身を「話し下手だ」と感じている方ほど、相槌を積極的に打つよう心がけるとよいでしょう。実際、**会話全体を10とするなら、自分が話すのは相槌も含めて2割程度、相手に残りの8割の部分を話してもらうくらいのバランスが最適です。**

（2）相手の気持ちを受け止め、共感する

相槌、頷きといった基本的な反応が無意識的にできるようになったら、次のステップとして「相手の気持ちを受け止めて反応する」に進みましょう。

これは、**「会話している相手が今どのような心境にあるのかを察し、相手が感じているであろう感情を自分なりの言葉で適切に表現することで、相手への共感を示す」**というテクニックです。そのためには、「人の様々な感情」を表現するボキャブラリーを増やし、相手が抱いているであろう感情をあなた自身の言葉で言い換えて伝えると効果的です。

例1）喜びへの共感

部下「先日アドバイスを頂いた業務改革プロジェクトの提案、プレゼンが無事通りました！」

NG「そうか、プロジェクトの準備はきちんとしている？　提案が通っただけで安心するなよ」

OK「それはよかった！　これからの展開が楽しみだな！　次はプロジェクト自体がうまくいくように、自分もサポートするから、困ったことがあれば相談してくれ」

例2）疲労感への共感

部下「クライアントの●●部長、いい人なんですけどお話が長いんですよね……」

NG「そうは言ってもクライアントだから、きちんと対応してくれよ？」

OK「確かに、こう言っちゃ悪いがあの長電話にはゲンナリするよな……。いつも負担をかけて悪いなぁ」

例3）不安感への共感

部下「クライアントへの提案の回答がもうすぐ返ってくるんですが、心配で……」

NG「なるようにしかならないんだから、心配しても仕方ないだろう。心配する暇があったら手を動かせ」

OK「やはり連絡があるまでは落ち着かないものだな。ただ、万全の提案だったと思うから、あとはゆっくり結果を待とう」

上司や先輩目線だと、つい感情面よりも実務的な返答をしてしまいがちですが、反応時に相手の感情を代弁するような適切な言葉を選び、付け加えてコメントしましょう。

話し手は、あなたが自分の気持ちに共感してくれたことに対して心がオープンになり、双方の関係性の強化に繋がることは間違いありません。

つい声を荒らげたくなるときの効果的「言い換え」法

部下がやらかしたミスや問題行動に対して、つい声を荒らげて怒り、無理矢理行動を矯正したくなるという方も多いでしょう。気持ちはわかりますが、一連の行動は部下指導においてまったく本質的ではありません。**本来のゴールは、その部下が同じミ**

スを二度と繰り返さなくなり、かつ引き続き組織に貢献したいという前向きな気持ちを持てるようにすることのはずです。

「何をやってるんだ!?」「ふざけるな!!」などと怒りの一言を放ちたくなった際には一歩踏みとどまり、「なぜ自分はそんな気持ちになってしまったのか?」と振り返り、その源となる感情を整理したうえで、冷静に伝えるほうが効果的です。

NG「何をやってるんだ!?」
↓
OK「そのやり方でうまくいくのか、私には心配だなぁ」

NG「またミスしたのか!! ふざけるな!!」
↓
OK「今回こそはしっかりやってくれるはずだと期待していたから、不本意な気持ちだよ」

NG「この前の話を聞いてなかったのか!? いい加減にしろ!!」

←

OK「繰り返し『頼むぞ！』とお願いしていたけれども、伝わっていなかったようだな。残念だ」

怒りから生まれる強い調子の言葉よりも、相手の言動や行動によって生まれたあなた自身の感情をそのままの言葉で、**自分を主語にして伝えるほうがより効果的**で、相手の心に伝わります。

結果、相手の主体性を引き出し、前向きな行動改善に繋がるでしょう。

怒りの感情を抱いたときは、「感情の源」に立ち返ろう

仮にあなたが怒りの感情を抱いた場合、「なぜ怒りを感じたのか」を遡ることが肝心です。

たとえば、部下があなたから見たら無茶としか思えない提案をした場合、「そんなことで本当にうまくいくと思っているのか!?」と怒りを感じるかもしれません。

でも、その「最初から『うまくいくはずがない』と思っている」という認識はどこからきているのでしょうか？　おそらく、

「こいつにできるかどうか心配だ」

「もっと他のやり方はないのだろうか」

「失敗したらオレはどうなる。実に不安だ」

など、様々な感情が原因になっているはずです。

このように、あなた自身の心配や不安感が怒りの原因かもしれない、という構造が分かれば、逆に「うまくいくという根拠があれば安心できる」と考えられるようになります。

その場合は、「そんなことでうまくいくと思っているのか！」と一喝する前に、「あなたが大丈夫だと思っている根拠を教えてほしい」と伝えるべきでしょう。

注意する際に大切なのは「ともに取り組む姿勢」

部下の考えや行動を指摘する際に大切なのは**「ともに取り組む姿勢」**です。

部下に企画案を出してもらったものの、あまりに考えが浅いのでイラッとしたとき、**「なんだよ、この程度の案しか出てこないのか？」**などと一喝しても意味がありません。

「なぜできないんだ!?」(Why?)

「いいからやれ!!」(Do it!)

というスタンスよりも、

「(我々は)どうすべきだろう?」(How?)

「一緒に考えてみよう」(Let's～)

という「ともに考え、行動を促す」スタンスなら、相手のやる気に加えて一体感まで醸成できる効果が見込めます。注意や指導をする際には、「自分がされたらどう感じるか？」という観点で、普段から顧みておきましょう。

部下を叱りたくなったときに注意したい、3つのポイント

誰かを叱ることも、時には必要です。そんなとき、注意しておきたい3つのポイントがあります。用例も踏まえながらご紹介していきます。

（1）相手の「人格」ではなく、「行動」を指摘する

例）目をかけていた入社3年目の部下の提出物が、期待値を下回るものだったとき。

NG「入社3年目なら、このくらいはできないとなぁ……」

↓

OK「この資料はこんな感じに仕上げてほしかったな。君には期待していて、今後も大事な仕事を任せたいから、キャッチアップしてほしい」

例）自分の非を認めない相手に間違いを指摘し、こちらの意見を伝えたいとき。

NG「あなたの言っていることはおかしい！　私の話を聞け！」

↓

OK「●●さんはそのようにお考えなのですね。私としては、こう考えています」

例）部下が提出物の期限を守らなかったとき。

NG「本当にいい加減な性格だな！」

←

OK「チームで決めた約束は守ってほしいんだ」

例）他部署の担当課長が、打ち合わせで決まったはずの約束事項を変更してきたとき。

NG「なんですぐに取り決めを反故《ほご》にするんだ！　決めたことは守るのが当たり前だろう！」

←

OK「一度決まったことを覆されると、こちらも対応にコストと時間がかかり、進捗中の案件にも影響も及ぶなど困るので、わかってほしい」

（2）相手を責めるのではなく、自分の感情を伝える

例）部下が自分の指示したこととは違う行動を取ったとき。

NG「なんでそんなことをするんだ!? ふざけるな!!」

←
OK「そういうことをされると、本当に残念な気持ちになるよ……」

（3）抽象的な表現を避け、具体的に伝える

例）他の部員の手がふさがっているのに、部下が電話を取らなかったとき。

NG「皆忙しいんだから、電話ぐらいちゃんと取れよ！」
←
OK「お客様をお待たせすると印象がよくないので、電話が鳴ったら3コール以内に取ってほしい」

例）何度指摘しても報告をしない部下に指導したいが、パワハラにならないように冷静に伝えたいとき。

NG「何回言えばわかるんだ？　普通は一回で直るだろう！」
←
OK「●●さん、報告は客先から帰ってきたらすぐに私にしてくれないかな。社内での情報共有ができてないと、今後お客様に連絡するタイミングで見当違いな対応をしてしまい、不信感を与えてしまう可能性があるんだ。そして、何かトラブルが起きたときに部としての対処も遅れてしまうことがある。だからこそ、今後客先で聴いた情報は、帰社したらすぐに私に報告してほしい」

例）任せた仕事が完了できなかった部下に指導したいが、心が折れるので傷つけないように指摘したいとき。

NG「仕事なんだからちゃんと計画を立てて、締め切りに間に合わせないとダメだろう！　そんな状態だから、次のステップの仕事も任せられないんだ」

↓

OK「半年前と比べると、企画業務まで任せられるようになって嬉しく思う。ここからさらに次のステップの仕事を任せるためにも、スケジュールを立ててから計画的に仕事を進められるようになるといいね。そのほうがこちらとしても仕事ぶりを把握しやすいから」

どうでしょうか。言い換えることで、ニュアンスが大きく変わり、前向きに捉えられるばかりでなく、相手からの信頼度、親密度が増すことは間違いありません。ぜひビジネスのみならず、日常生活でのコミュニケーションにおいても「共感」をクセ付け頂くことをお勧めしたいところです。

説教は厳禁！ 部下とのコミュニケーションにおけるNG集

部下や後輩に対して、つい説教やアドバイスをしたがる人がいます。しかし、あまり褒められたことではありません。

人はなぜアドバイスをするのか。それは、自分自身が気持ちよいからです。

米ハーバード大学社会的認知・情動神経科学研究所の研究チームが発表した論文によれば、**自分の感情や考えなどを他者に伝える「自己開示」によって、脳内では快楽物質ドーパミンに関連する領域が反応を起こすことが明らかになりました。**

すなわち人は自分のことを話すとき、脳は食事や性行為で得られる満足感と同じような快楽を感じているというのです。

確かに、アドバイスするという行為は、精神的な快楽のみならず、自己肯定感も高めてくれる効果もあります。誰かに「教える」という行為は、その瞬間、教えている相手よりも自分が優位な立場におり、能力的にも優れているという確信を与えます。

また、アドバイスを通じて自分が誰かの役に立ち、価値発揮できているという承認欲求も満たされます。これほど手軽に精神的な充足感を得られる手段は他になかなかありません。

その際、あなた自身が空虚なアドバイザーにならないように留意すべきことは、「アドバイスは求められたときだけにすること」と「昔話と自慢話は封印すること」の2点です。

また、もしアドバイスの中に、意識せず次のようなキーワードが紛れ込んでいる場合も要注意です。

□「昔は…」「私の若い頃は……」

⇒昔と今とでは、社会情勢も景気も仕事の密度も、すべての背景事情が違います。変えられない前提条件を出しても意味がありません。

□「お前のためを思って……」

⇒そう言えるのは、本当に相手のためになるか否かを判断できるくらい、相手のライフプランやキャリアプランまでをも知悉《ちしつ》できている、信頼関係が強固な場合だけ。そうでなければ、「相手のため」という都合の良い大義名分をもって、相手をコントロールしようとしているように感じられてしまいます。

□「このままじゃウチで／社会で通用しないぞ!!」

⇒同様に、相手の将来を心配している風を装いながら、「俺の言うことを聞け」とマウンティングしていることと同義。本当に相手のためを思い、成長を願っているのなら、そんな脅迫的な言い方はしないものです。

□「今苦労しておけば、後で楽になるぞ！」

⇒確かに個人的にそのような実体験があったのかもしれませんが、だからといって「今現在の苦労」に対する解決策になっていなければ意味がありません。単に希望的観測を述べるだけで、相手が今現在陥っている苦境にまつわる訴えを抑えつけようとしているだけです。

□「そんなのよくあることだよ！」「まだまだ若いな！」「いつか気づく日がくるよ！」
⇓指摘自体は事実なのかもしれませんが、相手が今抱えている苦悩や葛藤、焦燥といったネガティブな感情に対して向き合っておらず、解消もできていません。また年齢差や経験差によるマウンティングの一種のようにも感じられ、うっすら見下されているようにも捉えられてしまいます。

□「っていうかさ、」「お前はそう言うけど、」「いや、そうじゃなくて……」
⇓相手の言い分を充分に傾聴しないまま、否定的なニュアンスからアドバイスを始めてしまうことで、「この人は私の話をまったく聞いてくれず、自分の言いたいことを言って終わりだ」と感じさせてしまいます。

いずれも、ひとつひとつはささいなことかもしれませんが、その積み重ねで、気づかないうちに相手に不快感や不信感を抱かせ、あなた自身の信用までも毀損しているリスクがあります。しかも、相手はあなたに面と向かって指摘できる人であるとは限りません。自分で意識し、改善を続けていくしかないのです。

相手に受け容れられやすいアドバイスをするためには？

さて、ここまで読み進めてきて、「求められないアドバイスはするな！」「●●を言うな！」……とNG事項が多過ぎて、実際にアドバイスをするシチュエーションになったらどうすればよいのだろうかと頭を抱えた方もいるかもしれません。

そんな方にお勧めなのは、**「コミュニケーションサイクル」を意識して助言すること。**

やり方は簡単です。**いきなり本題のアドバイスをつけるのではなく、何段階かのコミュニケーションの「クッション」を用意し、かつ相手が「アドバイスを受け容れやすい状態」になるように外堀を埋めてから助言をおこなう**、という方法です（本書ではビジネス現場で用いる場面を想定して説明していますが、詳しい理論をお知りになりたい方は伊《い》東《とう》明《あきら》著『説得技術のプロフェッショナル』［ダイヤモンド社刊］をご参照ください）。

文章で説明すると少しややこしいため、まずは図をご覧ください。「サイクル」というだけあって、やるべきことが環状に連なっているのがわかるでしょうか。

あなたのアドバイスが伝わらないとすれば、相互理解に必要な前段階のステップ

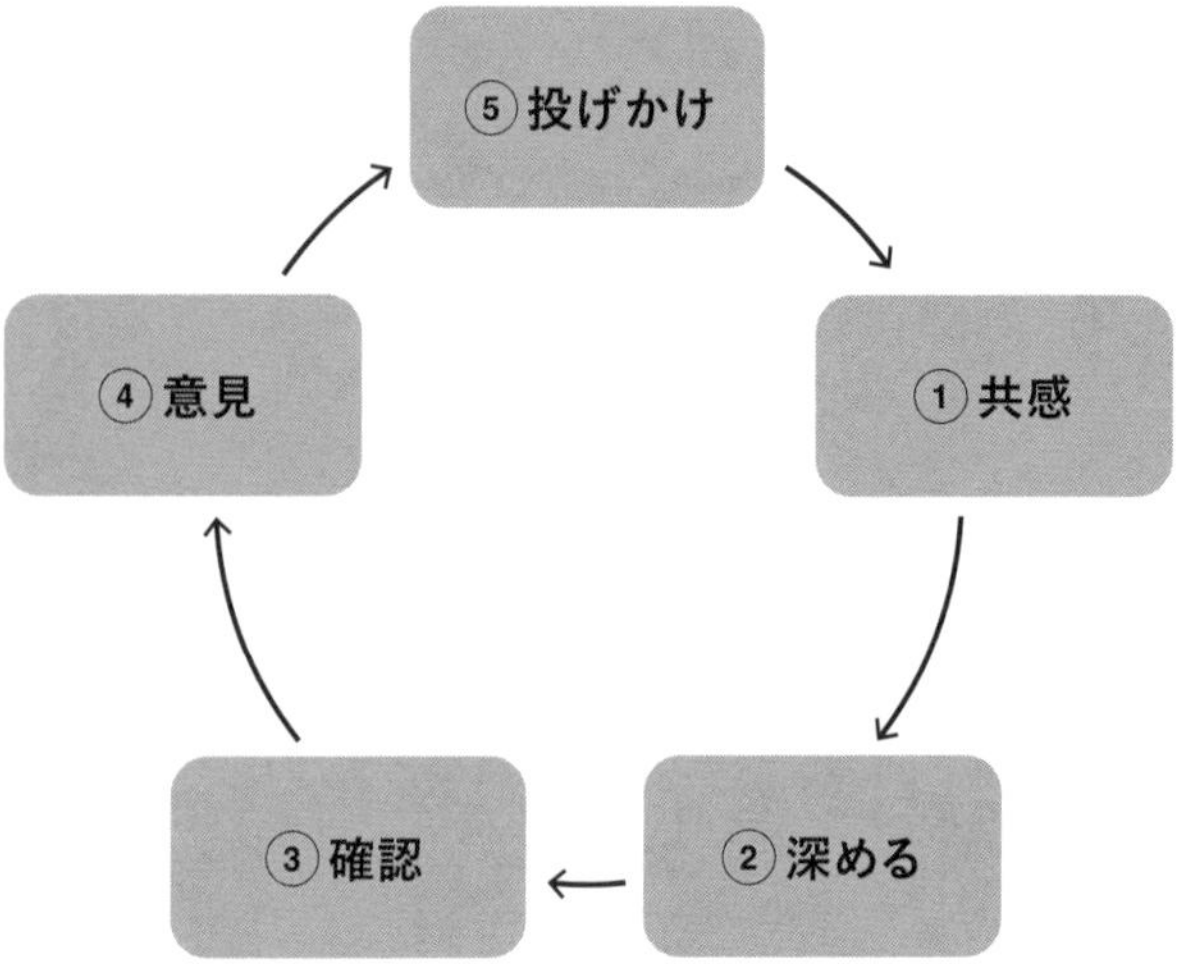

（図表：伊東明著『説得技術のプロフェッショナル』（ダイヤモンド社刊）より）

をすべてすっ飛ばして、この図の「④意見」だけを相手にぶつけている状況だからかもしれません。

普段から充分なコミュニケーションを取っている家族間や恋人間でさえも、いきなりアドバイスをするのは嫌われます。ましてや、普段は業務上の指示程度しかやりとりがないような、コミュニケーションの希薄な職場でのアドバイスならなおさらです。

まずは相手がアドバイスを受け容れられるだけの心理状態になるまで、時間をかけて信頼関係を構築しておく必要があります。

とはいえ、さほど難しいことではありません。普段無意識におこなっている「ネガティブな反応」もしくは「無反応」を、「ポジティブな口ぐせ」に変えればよいだけです。順番に見ていきましょう。

①相手の意見を一度は受け容れる「共感」

いくら相手が見当違いな意見を言い出したとしても言下に否定せず、まずは「共感」

し、「受け止める」ところから始めましょう。

例）

NG「それは違うでしょ。だいたい、そうは言ってもさぁ……」

↓

OK「なるほど、君はそういう意見なんだね」

NG「いやいや、そうじゃなくてさ……」

↓

OK「そうなのか、確かにそういう視点も一理あるね」

相手の未熟な考えに対してすぐに言い返したくなる気持ちは重々わかりますが、共感もせずいきなり反論しては、コミュニケーションがうまくいくはずがありません。**自分と意見が違うからこそ、相手の意見をまずは「共感」し、「受け止める」ところから意識してみましょう。**

なお、「共感ばかりしていると、相手を甘やかすことになるのでは？」「受け止めてばかりだと『賛成した』と思われるのでは？」などと心配する方もいるかもしれませんが、**「共感」は「同意」ではありません。**共感を出し惜しみすることなく、仮にあなたと違う意見であっても、まずは**「そう考えるあなたの存在を認めるよ」**という積極的な傾聴姿勢を相手に示すことが重要であり、そこから新しい対話が生まれていくものです。

②相手の意見を引き出して「深める」

次の段階は「話を深める」。相手の話を傾聴し、意見を引き出し、心ゆくまで話してもらうことで、相手の気持ちをオープンにすることが目的です。

例）

NG「その説明じゃわからないよ」

↓

OK「君としては、どういう風にできたらいいと思う？　ぜひ、詳しく聴かせてほしいな」

NG「何が言いたいの？」
↓
OK「たとえば、具体的にはどういうことになるかな。あなたの意見をきちんと理解したいから、詳しく教えてくれないか」

NG「気づいてたなら、もっと早く言ってよ！」
↓
OK「いつくらいからそう思ってたの？　どんなときにそう感じる？」

重要なのは、アドバイスをしたくなる気持ちをグッと抑えて、相手の話を引き出し、相手にとことんまで話をしてもらうこと。

それによって、相手には「心ゆくまで話ができてスッキリした」「じっくり聴いてくれて嬉しい」「自分は大切にされている」という思いが生まれ、相手がうっすら抱いていた不平や不満がかなり解消できたり、時間を確保して聴いてくれたあなたへの信頼感、親近感に繋がることになります。

③相手から引き出した内容を丁寧に「確認」

「共感」と「深める」を意識するだけでも充分効果はありますが、ヒアリングした内容に誤解がないか、こちらの理解が正しいかどうかを把握するため、いったん立ち止まって「確認」し、相手の真意を引き出すことはさらに有効です。この確認段階を挟むことで、話の意図が正確に伝わっていることも共有できるので、相手には安心感が生まれます。

●確認の際に使えるフレーズ

「なるほど、君はそういう風に感じていたんだね」

「このように変えてほしいと考えているんだね」

「あなたの話のポイントは○○と●●だと捉えたけど、大丈夫？」

「ここまでの話をいったん整理してみよう。ポイントは■■と□□ということでいいかな？」

「△△だと理解したけど、それで問題ないかな？」

④ワンクッションのフレーズがポイントとなる「意見」

ここでようやく**自分の「意見」を言う段階**になります。既に、「共感」「深める」「確認」の作業で、相手は自分の伝えたい主張を言い切っているはずなので、今度はあなたの話を聴こうとする心の準備が整っているはずです。

丁寧なヒアリングができていれば、ここからは多少強く自己主張しても、関係が破綻するリスクは小さいです。その際は一般論や正解を提示するというよりも、**ニュートラルに「私としては」という立場を保ちつつ、自分が伝えたいこと、伝えるべきことを明確に伝えるようにしましょう。**

その中で、できれば次のようなフレーズを使って、ワンクッションを入れることで、より相手が素直に意見を聴いてくれやすくなります。

●自分の意見を言う前に使いたいフレーズ集

「なるほど、君の言いたいことはよくわかったよ。でも会社としては、××という部分もあるんじゃないかな」

「私としてはこういう意見なんだけど……」

「私の立場から言わせてもらうと……」

⑤クロージングとしての「投げかけ」

そして、最後におこなうのは「投げかけ」です。④の「意見」までで終えてもよいのですが、意見に対してさらに相手の見解も確認することによって、丁寧さの最後の一押しになります。

NG「だろう!? だからこうすべきなんだよ！」

↓

OK「……というのが私の意見なんだけど、それについてはどう思う？ 懸念や疑問はないかな？」

せっかくここまで丁寧に進めてきたにもかかわらず、最後にあなたの自己主張で終わらせてしまうと、上司‐部下の関係では「上司の言うことだから仕方ない……」とストレスをため込んでしまう可能性があります。

自分の意見を述べた後、「それに対する相手の意見を再度聴く」という「投げかけ」をおこなうことで、相手もさらに納得して意見を言いやすくなり、お互いの心理的距離とコミュニケーションの密度が高まる効果が見込めます。

もちろん、日々多忙なビジネスの現場において、いちいちここまで時間をかけてヒアリングするのは手間も時間もかかることでしょう。**しかし、だからこそ他に実践している人はほぼおらず、あなたが「話を丁寧に聞いてくれる上司」として大いに差別化できることにもなるのです。**

相談相手としてのあなたの評判が高まれば、その姿勢は他の人たちにも伝播《でんぱ》し、職場全体が**「上司や先輩に気兼ねなく意見を言える、心理的安全性の高い雰囲気」**になることも期待できるでしょう。

自分が上機嫌でいることが、最高の「承認」方法になる

「承認」はマネジメントにおいて頻出するキーワードでありながら、なかなかハードルが高いと感じる人が多いものです。

そもそも、部下を承認すべき管理職自身が、これまで承認を受けてマネジメントさ

れた経験に乏しく、何をどうすればいいのかわからないケースが多い上に、「承認」とは**「部下を甘やかすこと」「部下のご機嫌をとること」**などと勘違いしていることも**よくあるためです。**

ただ、大事なポイントなのですが、**「承認」は、甘やかしでもご機嫌とりでもありません。**

いわば**「相手を望ましい方向へ変化させるための有効な手段」**です。

身近な例で考えてみてください。

あなたが夜の接待の席に備え、久々にパリッとしたネクタイとスーツでオフィスに出社したところ、目をかけている部下から**「おっ、上品なスーツですね！　いつも以上に威厳が感じられて素敵です！」**などと言われたら、どうでしょう？

つい気分が良くなって、今後も晴れの場では意識的に同じスーツとネクタイの組み合わせを選んでしまうのではないでしょうか。

これは**まさに「承認」によるあなた自身の「行動の変化」です。**この構図と同様に、組織にとって望ましい行動に対してあなたが適切な承認を与えることで、無理矢理指示をする必要もなく、メンバーの行動を促すことができるのです。

とはいえ、いきなり「承認せよ」と求められても、すぐに対応できない方も多いはず。

そこで一番簡単な方法は、まず「自分自身が上機嫌でいること」です。あなた自身の機嫌がよく、日々「上機嫌で話しやすい雰囲気」を周囲にふりまけば、周囲は自然と話しかけやすい雰囲気になるし、「この人に承認されている」と感じます。具体的な「機嫌がよさそうな状態」とは、次のような言動です。

・自分から挨拶する
・「●●さん、最近調子はどう?」などと、相手の名前を呼んで話しかける
・たとえ業務でも、依頼してやってもらったことには都度「ありがとう」と感謝する
・相手が抱いている感情に共感して反応する
・(たとえ今現在の個人業績が芳しくなくとも、)相手が以前と比して成長した点、レベルアップした点、目標に対して努力の方向性が合致している点を見つけて評価する

どうでしょうか。もし、自身が日頃から実践できていないものがあれば、この機会

に取り入れてみてください。

テレワーク環境下におけるコミュニケーションを考える

本章の最後に考えていきたいのが、コロナ禍以降、急速に普及したテレワーク下でのコミュニケーションについてです。

ただ、近年は「**テレワークではうまくコミュニケーションが取れない**」「**対面による密なコミュニケーションで培った強みが失われる**」との意見から、テレワーク可能な環境にありながら、あえて出社形式に戻す企業もあるようです。

出社が良い・悪いといった判断は各社の判断ではありますが、今後、テレワークを少しでも継続していくなら、**テレワークに合わせた「コミュニケーション方法のパラダイム転換」が必要なタイミングかもしれません**。

できれば、「テレワーク環境に即したマインドセット」へと、組織全体でアップデートしていくことをお勧めします。

ポイントは、
・同期的コミュニケーションから非同期的コミュニケーションへの転換
・口頭主体のコミュニケーションからテキスト主体のコミュニケーションへの転換
・空気を読むスタイルから、なんでも言うスタイルへの転換
です。それぞれ順番に説明していきましょう。

重要

「コミュニケーションのあり方自体のパラダイム転換」とは？

同期的
口頭主体
察する／空気を読む

スタイルから…

非同期的
テキスト主体
なんでも言う

スタイルへ。

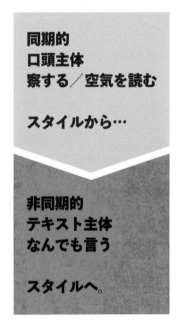

（1）同期的コミュニケーションから非同期的コミュニケーションへの転換

「会議のオンライン化」や「出社形式を増やす」「ランチ会や交流会を実施」といったリアルタイムで時間を合わせておこなわれる施策は、すべて「同期的コミュニケーション」です。その場に同席している人にしか伝わらず、記録に残らないため、全社的にもコミュニケーションの内容が共有されないというデメリットがあります。

その場に参加していない人も共有できるよう、チャットやメール、電子掲示板などといった各自が都合の良い時間に連絡をおこなうコミュニケーションスタイルである「非同期的コミュニケーション」に移行することで、情報共有を可能にしていくのです。

（2）口頭主体のコミュニケーションからテキスト主体のコミュニケーションへの転換

時間を合わせない非同期的なコミュニケーションに移行する上で大切なのは、オンライン上でおこなわれるコミュニケーションをすべて記録に残すことです。

「業務上のやりとりはチャットを基本とする」「打ち合わせもテキストベースに移行」

「やりとりはドキュメントとして残す」といった方法に統一すれば、コミュニケーション自体の流れが見えるし、形として残ります。

その場合、後から入ってきた人でもやりとりを追うことで、確認しやすいというメリットがあります。

（3）空気を読むスタイルから、なんでも言うスタイルへの転換

日本の企業では「空気を読め」という風潮が根強いものです。ただ、「言わなくても察してほしい」「一を聞いて十を知る存在であってほしい」というのは、受け手に負担をかけるコミュニケーションでもあります。言葉を選ばずに言えば、**「相手の洞察と積極的な理解姿勢に甘えたコミュニケーション」**ということです。

組織内の全員で「察すること」「察してもらうこと」を禁止し、「なんでも言い合ってOK」というルールを適用すれば、心理的ハードルが下がり、コミュニケーションが活発になるという傾向が見られます。

すなわち、**チャットツールを「オフィスそのもの」**と捉え、オープンなコミュニケ

ーションを全員で徹底実践することこそがパラダイム転換を実現するための要点なのです。

テレワーク最大の敵は「疑心暗鬼」。「自分だけ知らない情報があるのでは？」「陰で何かおこわれているのでは？」といった無駄な心理的負荷をなくすためにも、コミュニケーションのオープン化は必須です。

「相談」や「雑談」は、テレワーク下でどうするべきか？

リアルなオフィスでは、日々様々なコミュニケーションが図られています。

オフィスで交わされる会話の要素を大きく分けると**「①業務上必要な指示や報告」「②ちょっとした相談事」「③雑談やプライベートな会話」**という3種類に大別できるでしょう。

しかし、テレワーク環境下においてはどうしても**「業務上必要なコミュニケーション」**だけになりがちです。

そこで、オンライン上で出社時と同等のコミュニケーション量を確保するためには、意図的に「②ちょっとした相談事」と「③雑談やプライベートな会話」も発信できる雰囲気を作るべきでしょう。

コロナ禍中においてでさえも、米国ＩＢＭ社や米国Ｙａｈｏｏ！社が早々に在宅勤務に見切りをつけた理由は、「顔を合わせて話すことで生まれるひらめき」や「何気ない同僚との会話や、休憩所でのアイデア交換」が、オンラインでは発生しにくいから、とのことでした。

それならば、オンライン上でクリエイティビティが刺激されるような場面や、イノベーションが生まれやすいとされる「職場での何気ない会話」をオンライン上でも意図的に創出し、維持していけばよいのです。

そこで実践して頂きたいのは、心理的に安全なテレワーク環境を維持するため、次のような「基本ルール」を制定することです。

・チャットツールは「メールの代替」ではなく、「オンラインの職場」と定義する

・情報の透明性を保つためにＤＭ（一対一の直接のやりとり）はせず、すべてのコミュニケーションをオープンな場でおこなう

・「察してもらう」「気づいてもらう」ことを期待せず、自分から積極的に発信・共有・

報告する

・わからないことがあるのはお互い様。遠慮なく、どんどん確認する

・悪いニュースがあることもお互い様。遅滞なく、積極的に開示する

さらに、既にある程度テレワークが浸透している企業であれば、このような「応用ルール」を制定してもいいでしょう。

・1回の文章で多くの情報を伝えようとする必要はないし、1回ですべてを理解する必要もない。テキストでキャッチボールをすればよい

・非同期コミュニケーションが前提のため、相手の都合を気にせずいつチャットを送ってもよい

・発信に対しては必ず、かつできる限り早くレスポンスを返すよう心がける

・ただし、相手にとっての「心地よい距離感」を邪魔しないこと。雑談的コミュニケーションや即レス強要を好まない人もいる

・文字情報から相手の感情や行間を読み取ろうとせず、書かれた文章そのままの意味で捉えること

ここまで日常のコミュニケーションにこだわり、大切にすることを徹底すれば、組織としても安心して働ける環境を創出できますし、リーダーへの信頼度も評判も高まることは間違いありません。ぜひ今日から、実践してみてください。

第4章

エンゲージメントと労働環境の大敵である「ブラック企業」と「ハラスメント」対策

「ブラック企業」は減ったのか？

「ブラック企業」という言葉が生まれて二十余年。ブラック企業を題材とした映画が公開され、新語流行語大賞のトップ10入りし、実際にブラック企業の労務トラブルが世間を騒がしたことなどで広く知れ渡ることになりました。

現在はいちいち語義を解説しなくとも、「ブラック企業＝労働環境劣悪で、遵法意識も低く、従業員を使い潰すような悪質企業」との認識は多くの人が共有するところでしょう。

ブラック企業を忌避する意識が広く浸透したことで、「労働環境や経営者・管理職の意識を改めないことには、真っ当な人員を確保すること自体が困難になる」という雰囲気が、社会に着実に生まれつつあります。

同時に、遵法意識を持ち、コンプライアンスにも配慮しなければ、ビジネス上の取引先としても選ばれない、という環境も育っています。

段階的にではありますが、「もはやブラック企業のままでは生き永らえない」という共通認識が、以前よりも進展してきたといえます。

労働者側の視点で考えても、過重労働や組織内の理不尽な点について、「社会人とはこういうもの」と強制的に納得させられてきたケースは少なくなかったはず。しかし、世間でブラック企業論が明確になるにつれて、**「自分が今いる環境は、実は『ブラック企業』なのでは？」**「あのときの指導は、実は『パワハラ』だったのでは？」と気づくきっかけが生まれました。

それによって、より良好な労働環境の会社に転職したり、権利主張できるようになったりするなど、前向きな行動の動機へと繋がった面もあるでしょう。

労働法制面でも大きな変化がありました。

２０１９年から順次施行された「働き方改革関連法」においては、労働基準法施行以来の画期的な「時間外労働の上限規制」や「年次有給休暇の時季指定」などを盛り込むという、これまでの議論の経緯から考えると相当に難度の高い結果が実現しました。

結果、働き方改革に取り組むことは多くの企業にとっての優先的な経営課題となり、労働環境改善の取組を進めることは必須要件になったといえます。

さらに２０１３年９月から、厚生労働省が、離職率が高かったり、長時間労働で労働基準法違反の疑いがあったりする全国の約４０００社に対して実態調査を開始。

それを受けて２０１７年５月からは、重大で悪質な違反を繰り返し、改善が見られない企業の社名や違反内容を公表する「労働基準関係法令違反に係る公表事案」を開始。毎月情報が更新されています。

つまり、ブラック企業に対して、労働者視点でも、国視点でも、強い批判の目が向けられるようになったのです。

多くの企業が「ブラックのままでは生き残れない」と理解した

実際の統計数字でも、検証してみましょう。

労働基準関係法令違反の事業所に対しておこなわれる、労働基準監督署による「臨検監督」の実施数は、直近の30年間において、毎年だいたい16万〜18万件程度で推移しています。

その中で法違反が発覚する「違反率」は微増傾向にある一方で、労働者からの申告に基づいて実施される「申告監督」の件数は、従前の毎年4万件超から、２０１２年以降は4万件を下回っています。

その要因としては、以前であれば「労働基準監督署に駆け込む」しかなかった労務トラブルについて、**「労働基準監督署以外のトラブル解決手法にリーチしやすくなった」**ことや、人手不足で求人が増えたことを背景に、**「トラブルが複雑化する前に、ブラック企業にアッサリ見切りをつけて辞める」**ケースが増加したことなどが考えられます。

また、全国の労働局や労働基準監督署など379か所（2023年10月末時点）に設置されている「総合労働相談コーナー」に寄せられる**労務トラブルの相談件数は15年連続で100万件を超え、**高止まり状態にあります。

数字だけを見ればブラック企業は減っていないように感じますが、その内訳を見ると、2012年度以前は相談割合として最も多くを占めていた「解雇」にまつわる相談件数が減少し、同年以降は**「いじめ・嫌がらせ」**、そして2015年度以降は**「自己都合退職」**の相談件数が上回っています。

自己都合退職にまつわる相談とは、**「辞めたいのに辞めさせてもらえない」（慰留、在籍強要、退職妨害）**ということであり、いじめ・嫌がらせとはいわゆる「パワハラ」を意味します。

詳細データ①　監督実施状況の推移

年	臨検監督実施事業場数 定期監督等	その他の監督	計	監督実施率	違反率
	件	件	件	%	%
昭和40	191,053	46,717	237,770	10.9	54.4
45	233,946	54,198	288,144	10.8	70.4
50	165,483	40,576	206,059	7.1	65.7
55	167,850	37,060	204,910	6.4	64.2
60	173,438	32,777	206,215	5.9	58.9
平成2	156,401	22,728	179,129	4.8	57.7
3	138,286	20,376	158,662	3.6	56.9
4	154,109	22,298	176,407	4.1	58.6
5	164,405	25,283	189,688	4.4	56.3
6	162,366	26,476	188,842	4.3	56.7
7	175,875	27,036	202,911	4.7	58.8
8	164,611	26,281	190,892	4.4	54.0
9	145,041	27,138	172,179	3.8	55.7
10	153,563	32,534	186,097	4.1	54.6
11	146,160	34,097	180,257	4.0	59.7
12	147,773	37,091	184,864	4.1	58.8
13	134,623	39,068	173,691	3.8	63.4
14	131,878	41,236	173,114	3.8	62.7
15	121,031	43,474	164,505	3.6	65.6
16	122,793	42,835	165,628	3.6	67.1
17	122,734	41,407	164,141	3.7	66.3
18	118,872	42,186	161,058	3.6	67.4
19	126,499	42,234	168,733	4.1	67.9
20	115,993	43,097	159,090	3.9	68.5

資料：厚生労働省労働基準局調べ。
(注) 1. 違反率は定期監督等実施事業場のうち違反のあった事業場の割合である。
2. 年表示における、40は年度、その他は暦年による。
3. 55年以降の適用事業場数、労働者数は、「事業所・企業統計調査」(総務省統計局)により算出したものであり、調査が行われなかった年については前年と同数とした。

年	臨検監督実施事業場数 定期監督等	その他の監督	計	監督実施率	違反率
	件	件	件	%	%
15	121,031	43,474	164,505	3.6	65.6
16	122,793	42,835	164,505	3.6	65.6
17	122,734	41,407	164,505	3.7	66.3
18	118,872	42,186	164,505	3.6	67.4
19	126,499	42,234	164,505	3.6	67.9
20	115,993	43,097	164,505	3.9	68.5
21	100,535	46,325	164,505	3.6	65.0
22	128,959	45,574	164,505	4.3	66.7
23	132,829	42,703	164,505	4.1	67.4
24	134,295	39,225	164,505	4.1	68.7
25	140,499	37,634	164,505	4.2	68.0
26	129,881	36,568	164,505	3.9	69.4
27	133,116	36,120	164,505	4.0	69.1
28	134,617	35,006	164,505	4.1	66.8
29	135,785	34,413	164,505	4.1	68.3
30	136,281	33,911	164,505	4.1	68.2
令和元	134,981	33,911	164,505	4.1	70.9

資料：厚生労働省労働基準局調べ。(注)違反率は定期監督等実施事業場のうち違反のあった事業場の割合である。

厚生労働省「厚生労働白書」監督実施状況の推移
昭和40年～平成20年
(https://www.mhlw.go.jp/wp/hakusyo/kousei/10-2/kousei-data/PDF/22010401.pdf)
平成20年～令和元年
(https://www.mhlw.go.jp/wp/hakusyo/kousei/20-2/kousei-data/siryou/sh0401.html)

労働者はブラック企業に見切りをつけて辞めたいのに、会社側は辞められると困るからなんとか引き留めようとする。引き留めがエスカレートしてハラスメント行為に至るという、「人手不足により、労働者に見捨てられるブラック企業」の構図が透けて見えます。やはり、「ブラックのままでは生き残れない」のです。

すべての企業が対象の「パワハラ防止法」とは?

続いては、「パワハラ」について考えていきましょう。

読者の皆さんの中にも、こう考えている方がおられるのではないでしょうか?

「ちょっと強い口調で言ったら、なんでもかんでもすぐ『パワハラだ!』と指摘される……、これじゃ職場で何も言えなくなるよ!」

「相手にも問題があるんだから、厳しく指導しているだけだ! 何が悪い!?」

「最近の若者が打たれ弱いだけ。個人のストレス耐性の問題だろう」

でもこの認識こそ、無意識のうちに不幸なパワハラ被害者を生んでしまう元凶になりかねないのです。

厚生労働省「令和3年度個別労働紛争解決制度の施行状況」

相談件数の推移（10年間）

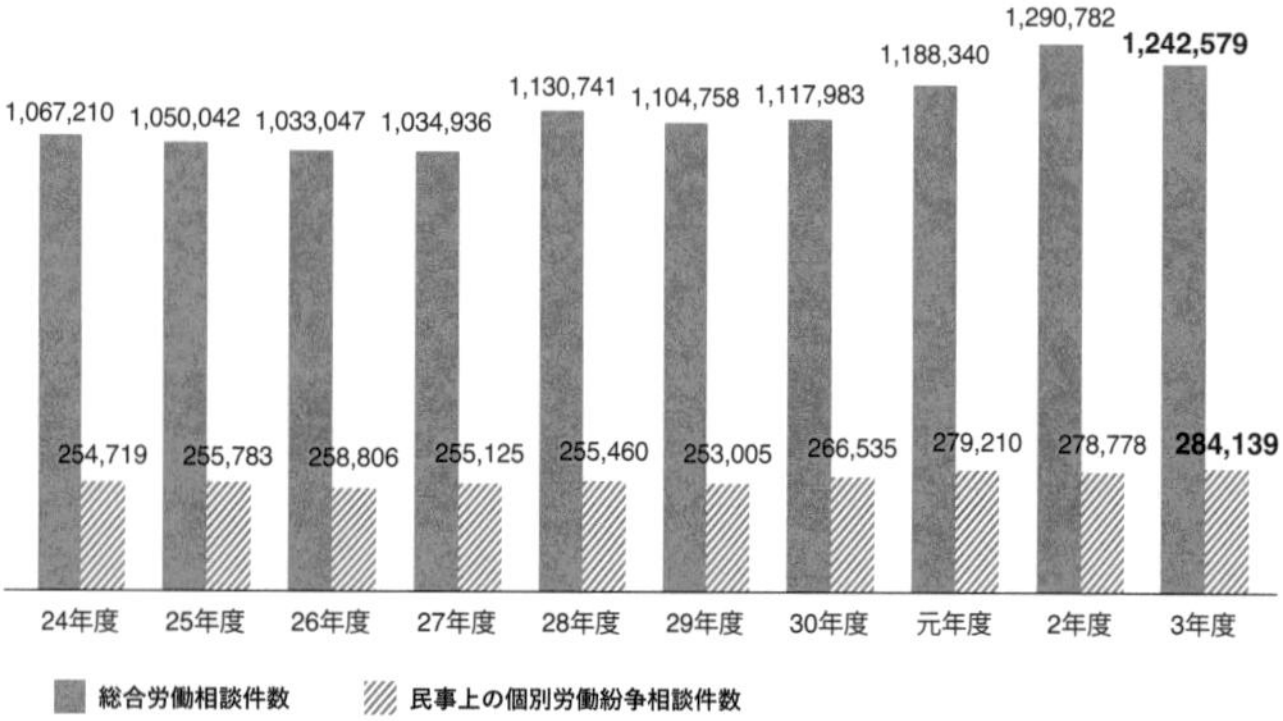

民事上の個別労働紛争｜主な相談内容別の件数推移（10年間）

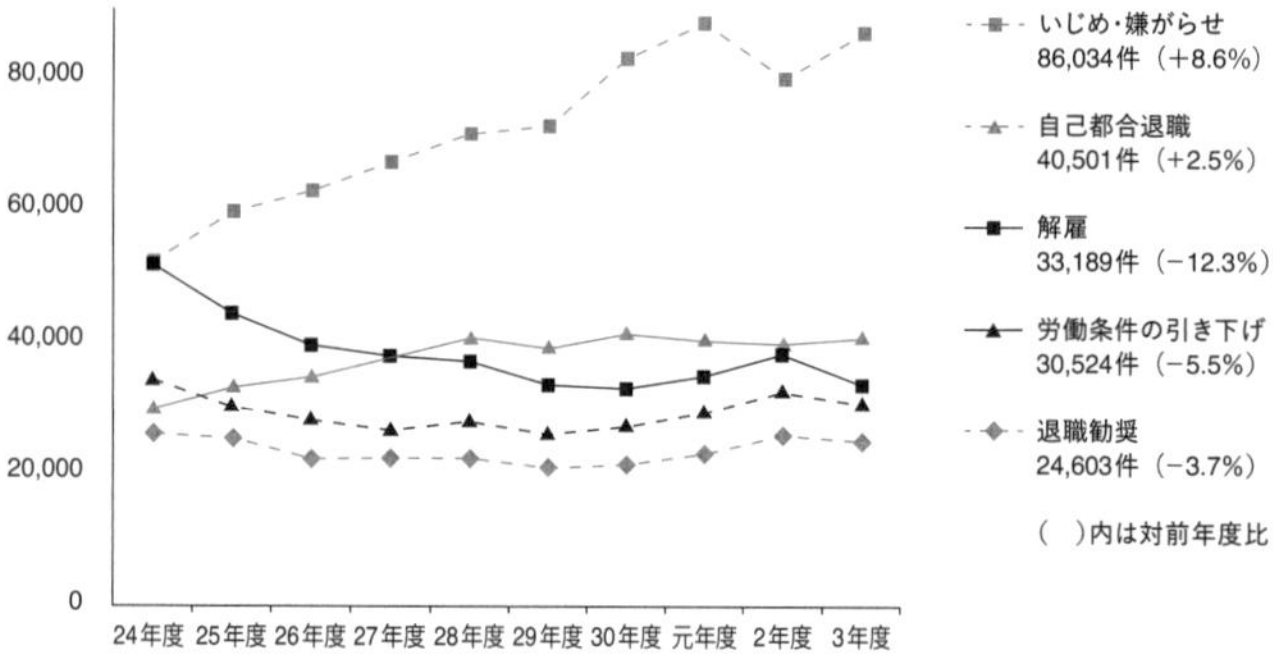

（厚生労働省「令和３年度個別労働紛争解決制度の施行状況」https://www.mhlw.go.jp/content/11909000/000959370.pdf）

悪質なパワハラ被害が発覚すると、マスメディアで大きく報道され、読者や視聴者からも強い非難が集中します。このような報道や、世間の批判的な反応からも、職場内でのハラスメントに対する社会的な認識は年々高まり、「**パワハラはいけないことだ**」との認識が広く浸透してきたといえるでしょう。

実際に、パワハラを防ぐための法律、**通称「パワハラ防止法」**（正式名称は「労働施策の総合的な推進並びに労働者の雇用の安定及び職業生活の充実等に関する法律」。本稿中では「パワハラ防止法」と記載）も2020年6月1日から施行されました。

当初の適用対象は大企業のみで中小企業は「努力義務」でしたが、2022年4月1日からは中小企業も適用対象となりました。

なぜ、パワハラは企業にとってマイナスなのか？

もしかしたらあなたの会社にも、今まさにパワハラによって多大な精神的、肉体的苦痛を受けている被害者がいるかもしれません。そして、あなたはその事態に気づいていないだけかもしれません。

ここで被害者が声を上げ、自社内でパワハラが発生していたことが判明し、それが公になったら、いったい組織はどのようなリスクに晒されるのでしょうか。

職場でパワハラが発生することによるリスクは大きく3つあります。

（1）組織内に被害者が生まれてしまう
（2）組織内に加害者が生まれてしまう
（3）組織自体もまた被害者となってしまう

どういうことか、順に見ていきましょう。

（1）組織内に被害者が生まれてしまう

パワハラを受けたことによる心身への悪影響としては、不眠、怒り、不安、不満の高まり、意欲低下、コミュニケーションの減少などが挙げられます。特に、ハラスメントを受ける頻度が高まることで、**「不眠」「欠勤の増加」「通院・服薬の開始」**の割合が約2倍になるとの報告もあります。また、**いじめや暴力がある職場においては、**

鬱病の発症リスクが約1・5〜4・8倍増加するとも言われています。

ハラスメント被害を受けた人は、被害者意識が高まるとともに自信の低下を感じ、徐々に事態に適切に対処できなくなり、最悪の場合、社内で自殺者が出る可能性さえあるのです（平成28年度 職場のパワーハラスメントに関する実態調査報告書 堀川《ほりかわ》直史《なおし》：精神科治療学 職場における暴力およびハラスメント被害者への対応－職場との連携の重要性より）。

厚生労働省による令和2年度「職場のパワーハラスメントに関する実態調査」でも同様の報告がなされています。

職場でハラスメントが発生すると、被害者は心身の健康を害してしまうのみならず、場合によっては休職等に至り、金銭的にも困難な状況に陥るリスクが発生します。それればかりか、ハラスメントを目の当たりにした被害者以外の従業員にとっても、心理的安全性の低下や職場環境の悪化により、**パフォーマンスや生産性まで低下する可能性**があるのです。

（2）組織内に加害者が生まれてしまう

パワハラは加害者にとっても重大な責任問題となります。

組織内における就業規則やパワハラ防止規定違反により、懲戒処分の対象となることはもちろん、被害者が告発した場合、**加害者は民事責任（不法行為責任：民法709条）を負い、被害者に対して慰謝料等の賠償責任が発生する**ことになります。

またパワハラの内容次第では、**刑事事件（暴行罪、傷害罪、侮辱罪、名誉毀損罪等）となる可能性**も存在します。そうなれば、加害者個人の人間関係や家庭が崩壊してしまうリスクにも繋がってしまいます。

いかに組織内で実力や功績のある人でも、「ハラスメント加害者」となれば処罰や処分を下さざるを得ず、継続して組織に貢献してもらうことは困難になることは間違いありません。**組織としていかなる人も「ハラスメント加害者にさせない」取組**が必要なのです。

パワハラを受けての心身への影響（平成28年調査結果との比較）

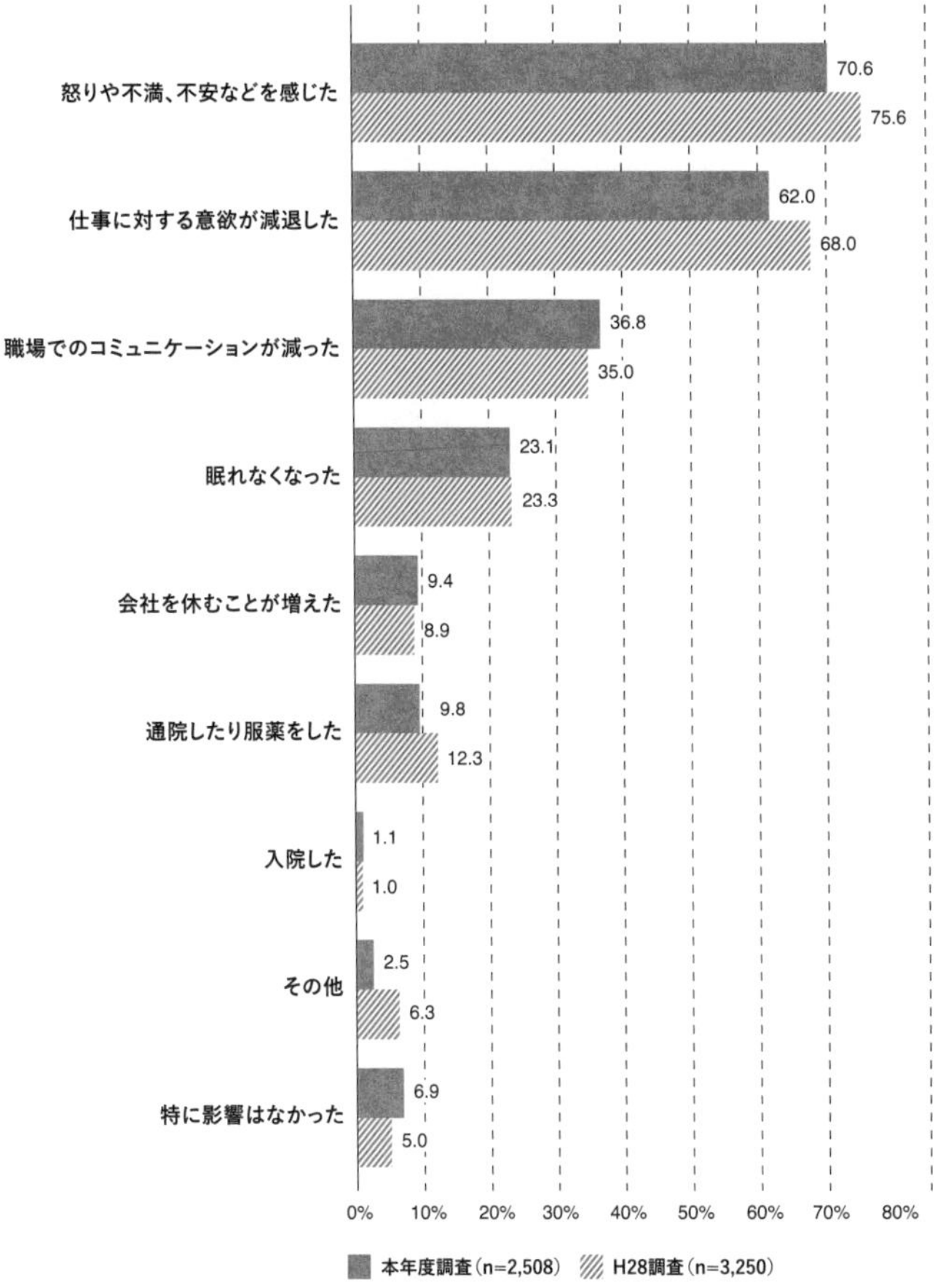

厚生労働省「職場のパワーハラスメントに関する実態調査」（令和２年度）

（3）組織自体もまた被害者となってしまう

パワハラの被害は組織全体にも及びます。まずは先述の通り、使用者（会社）は法的責任と行政責任を負うことになります。その他、法的なリスク以外にも、企業活動にネガティブインパクトを与えるリスクは多々あります。

そのひとつが、「職場環境悪化リスク」です。

従業員がパワハラ行為を直接受けることによる被害が甚大なのはもちろんですが、先述の通り、周囲のメンバーがパワハラ行為を目の当たりにしたり、組織上層部が見て見ぬふりをして事態を解決しようとしなかったりすれば、**メンバーは組織のコンプライアンス意識の低さや自浄作用のなさに愛想を尽かし、モチベーションは当然低下します。必然的に作業ミスが増え、生産性も低下、鬱病罹患《りかん》者や休職者、退職者も増加し、業績にも大きなダメージを与える**ことになるでしょう。

もうひとつのリスクが「レピュテーション（評判）リスク」です。

パワハラが行政指導や社名公開、訴訟、マスコミ報道などへと発展した場合は、SNSや会社口コミサイト等を通して「あの会社、パワハラが横行するブラック企業ら

しい」とのネガティブな情報が急速に拡散します。

結果として「炎上」や「風評被害」などのレピュテーション（評判）リスクに直結し、求人募集や取引先拡大において悪影響を及ぼします。

最悪の場合、現行の取引先からも**「コンプライアンス体制が整備されていない危険／未熟な会社」**と評価され、取引が打ち切られることにもなり得ます。

ネットが発達した昨今においては、レピュテーションリスクによる企業の社会的イメージ悪化は、取り返しのつかない事態となります。

特に普段、**対外的に「ダイバーシティ」「健康経営」「SDGs」などと、耳に聞こえのよいトレンドワードを掲げている所**こそ、ポジティブなイメージと逆行することとなるネガティブな反動は大きくなるものです。そもそもパワハラを発生させないよう、日々の地道な取組が求められます。

パワハラが企業からなくならない4つの理由

これほどまでにパワハラが問題視され、法律まで制定されているにもかかわらず、パワハラ被害は減るどころか増加しています。

では、なぜパワハラはなくならないのでしょうか。筆者に寄せられた被害相談やトラブル解決依頼のケースを調べると、大きく4つの理由に分類できます。それぞれについて説明していきましょう。

(1) 加害者、被害者ともに、何がパワハラに該当するのか知らない

ハラスメントについて教わった機会がなく、「そもそもどんな言動や行動がハラスメントにあたるのかを知らない」のであれば、加害者も被害者もいつまでも無自覚のままでしょう。

また「パワハラ=問題行為」程度までは認識している人が多いと思いますが、「**悪質な場合は刑事罰を受け、損害賠償責任が発生し、加害者の社会的地位と組織の評判を大きく低下させるリスクがある**」というところまではまだまだ自分事として認識できていないはずです。

〈参照〉

厚生労働省におけるパワハラの定義

→「同じ職場で働く者に対して、職務上の地位や人間関係などの職場内の優位性を背景に、業務の適正な範囲を超えて、精神的・身体的苦痛を与える又は職場環境を悪化させる行為」

また、職場のパワーハラスメントの6類型としては、(1)身体的な攻撃、(2)精神的な攻撃、(3)人間関係からの切り離し、(4)過大な要求、(5)過小な要求、(6)個の侵害が挙げられています。

「たまに厳しい指導をすることもあるが、断じてパワハラではない！」と言い切る人もいますが、それが正当な理由がある叱責の場合であっても、**「大声で怒鳴りつける」** **「多数の面前での見せしめ・懲罰的な公開叱責」**など、方法を間違えば違法性が生じることを忘れてはいけません。

ちなみに、殴る・蹴るなど身体的な攻撃した場合、刑事事件として「傷害罪」(刑法204条)や「暴行罪」(刑法208条)が成立する可能性があります。**最高刑は懲役15年**です。

言葉だけの場合でも、**「殺すぞ！」「契約とれるまで帰ってくるな！」「目標未達な**

ら「ボーナスゼロだ!!」といったように相手を畏怖させることを言えば**「脅迫罪」**（刑法222条）、**「前の会社は○○で辞めたくせに！」**とか**「不倫をバラすぞ！」**などと公然と具体的な事実を示して相手の名誉を傷つけたら**「名誉毀損罪」**（刑法230条）にそれぞれ該当する可能性があります。その場合、示した事実が嘘か真実であるかは関係ありません。

事実を示さずとも**「バカ！」「給料泥棒！」「ダメ社員！」**などと公然と汚い言葉で罵った場合は**「侮辱罪」**（刑法231条）が該当する可能性があります。

その他、民事上でも**「会社が職場環境を整える義務を果たさなかった」**ということで**「職場環境配慮義務違反」**、そして**「使用者責任」**を問われ、損害賠償を請求されることもあります。

（2）加害者に、自身の言動や行為がパワハラである旨の自覚がない

組織ぐるみでパワハラをなくそう、予防しようとどれだけ力を入れたところで、そもそも加害者側に**「自分はパワハラをしている」**という認識も自覚もないのであれば、**パワハラを止めようがありません。**

実際のところ、加害者は「相手に嫌がらせしたい」「憎らしい」といった明確な目的意識や悪意をもってやっているケースはさほど多くなく、**逆に「無意識のうちに」「悪意なく」ハラスメントがおこなわれているケースのほうが多い**のです。

一般財団法人労務行政研究所と筑波大学「働く人への心理支援開発研究センター」が約500人を対象に実施した、職場のハラスメント「加害認識」調査（https://www.rosei.or.jp/attach/labo/research/pdf/000079854.pdf）によると、「**一般的に職場でのハラスメントと捉えられる行動や言動**」を**17項目抽出し、それらを「（自分自身が）過去6ヵ月間でおこなった」**と回答したのは、**全項目平均で22・2％**でした。

中でも50代前半の回答者における加害認識はわずか**15％程度と、「自分では気づかないうちにハラスメント加害者になっている」**可能性が高いことを示す結果となっています。

特に部下を持つ管理職層が加害者の場合、「これまで受けてきた指導自体がパワハラ同然であったため、自身の普段の言動・行動がハラスメントであることに気づかない」「相手の成長のため、良かれと思ってやっている」というケースが考えられます。

また、ハラスメント気質のままで出世してきているということは、「そのやり方でこれまで成果を上げてきた人物なので、加害者の上司や周囲も指摘できない」といったケースもあり得るでしょう。

「無知と無自覚」が合わさると、パワハラの「軽視」に繋がります。特にパワハラ的な指導に慣れ、「自分は打たれ強い」との自覚を持った人であればあるほど、打たれ弱い部下の気持ちを理解できず、「社会人ならこれくらいのプレッシャーや叱責に耐えるのは当然」といった信念を持ちがちです。

どれだけ被害者が傷つき、不快な気持ちを抱いているとしても、「冗談のつもりだった」「そんなに嫌がられていたとは知らなかった」などと言い訳するのもこの種の人物の特徴です。

「パワハラを止めよう」といった標語で、個々人の思いやりや道徳心に頼ってなんとかなる話ではないのです。「パワハラ＝自覚できない無意識の犯罪」といった位置づけで、組織ぐるみで対策をとっていく必要があるでしょう。

（3）被害者が声を上げづらい

パワハラは「指導」という名目でおこなわれることが多くみられます。必然的に、**被害に遭うのは成果が上がっていなかったり、仕事でミスが多かったりするような、**

組織内では相対的に立場が弱く、発言力も小さい人物ばかりになりがちです。

そんな被害者が「それはパワハラです」などと声を上げようものなら、「仕事もできないくせに文句だけは一人前だな！」「権利を主張するならまず成果を出してからだ！」などと、さらにひどいパワハラに遭ってしまうリスクがあります。

さらには**「反抗的な問題社員」**扱いされ、その後の評価が下がったり、不本意な人事異動に遭ってしまったりして、組織にいづらくなってしまうかもしれません。当然ながら、そのような展開が想像できる以上、被害者はハラスメントを訴え出ることを躊躇《ちゅうちょ》するでしょう。


実際に起きた事例として、パワハラ被害者が内部相談窓口に被害申告したところ、**「くれぐれも内密に……」と告発したはずのパワハラ内容がすべて加害者である上司に筒抜けになってしまい、さらなる被害に遭ったというケースもあります。**社内に労働組合もない場合、そもそもどこに相談したらよいかわからない、という方も多いはずです。

（4）パワハラに対する直接的な罰則が緩く、抑止力になっていない

パワハラ防止法においては、社内のパワハラへの適切な措置を講じていない事業主は、行政（厚生労働大臣）より助言・指導又は是正勧告が入ります。

また行政は、事業主に対してパワハラ防止措置とその実施状況について報告を求めることができ、それに対して事業主が「報告をしない」もしくは「虚偽報告をした」場合は**「20万円以下の過料」**が科される罰則規定もあります。

しかし、労働基準法違反のように、懲役や罰金といった明確な罰則規定は設けられていないため、「是正勧告程度で済むなら……」と軽く捉えられ、パワハラへの抑止力となっていない可能性があります。

この法規および罰則の問題と、被害者が訴え出づらいことが相まって、なかなかパワハラの実態が表に出てこないことにも繋がっているようです。

パワハラを未然に防ぐためには、トップの積極的な働きかけが重要

パワハラは組織崩壊に直結する不祥事であり、発生してから事態を収拾しようとしても手遅れです。

なんとしてでも芽のうちに摘み取り、完全に撲滅すべきです。そのために必要なステップを紹介していきましょう。

（1）組織トップから明確なメッセージを発信する

まずは、組織トップが組織方針を明確にすることが重要です。具体的には、「**パワハラは許されないことであり、組織として全従業員が取り組むべき重要な課題である**」旨を組織トップから直接発信しましょう。

時には、現場の協力やリソースの負担が必要なケースもあり、往々にして面倒がられ、協力を得にくいものです。

しかし、**トップがコミットメントする姿勢を示し、会社ぐるみで取り組むと決めれば、そこに大義名分が生まれるし、具体的なアクションも起こしやすくなります。**

具体的には、次のような主旨のメッセージが効果的です。

・ハラスメントは人権問題であり、メンバーの尊厳を傷つけ職場環境の悪化を招く、容赦できない行為である

・当社では一切のハラスメント行為を見過ごさず、すべてのメンバーが互いに尊重し合える、安全で快適な職場環境を実現する

・そのため、すべてのメンバーには研修を受講してもらい、ハラスメントにまつわる意識と知識の向上を求める。ハラスメント行為を発生させない、許さない組織にしよう

・ハラスメント被害に遭ったらすぐに相談すること。相談者のプライバシーは守り、決して不利益な扱いはしないと約束する

組織としての方針が明確に定まれば、メンバーも問題点の指摘や解消に関して発言がしやすくなり、取組の効果が期待できるようになります。

(2) ルールを決め、周知する

パワハラ加害者には往々にして自覚がありません。だからこそルールを定め、「そ

れはパワハラですよ」という目線合わせ、判断基準の統一をしておく必要があります。

そこで周知すべきが、**パワハラ防止に関する組織内ルール**です。

何がパワハラに該当し、パワハラをするとどんな罰や処分を受けることになるのか、メンバーにとってわかりやすく明文化していきましょう。

たとえば、見通しのよい通学路を猛スピードで通り抜けていく車があるとします。道路に速度制限がない限り、その車を取り締まることはできないし、運転手に注意したところで「見通しがいいんだから問題ないだろう!?」などと言い返されてしまいます。

しかし、**その道路に時速30㎞の速度制限がついていれば、時速40㎞で走る車はルール違反として取り締まることができます。**「ルールを決める」とはそういうことです。

パワハラの定義自体は厚生労働省のものを用いるとして、パワハラ防止規定と罰則を設け、罰則の適用条件や処分内容、相談者への不利益取扱いの禁止などを具体的かつ明確に定めましょう。就業規則にルールを盛り込むとともに、これを機に懲戒規定を見直すのもいいでしょう

その際は労働組合や労働者の代表などの意見を聴いた上で進めることも必要です。

職場のパワハラ防止について**「労使協定」**を締結し、労使で協力して取り組むという手段もあります。なお就業規則を変更した場合は、その内容の周知が義務付けられているので、忘れず実施しましょう。

（3）教育研修実施

教育研修というと「既にウチでもやっているよ」などと思われるかもしれませんが、実は**研修こそ、職場でのパワハラ予防に最も効果が大きい手段**です。

パワハラ加害者の多くは無自覚だと述べましたが、だからこそ統一判断基準を設け、メンバー全員に研修をおこない、人それぞれで異なる**「判断基準を統一すること」**が必要なのです。

教育研修は、**可能な限り全員が受講し、かつ定期的に実施することが重要**です。研修内容には、トップのメッセージ内容を含めるとともに、組織として統一設定したルールの内容、取組の内容や具体的な事例を加えると効果的です。

なお、研修の目的はもうひとつあります。

統一ルールを周知することで「自分は聞いていない」「知らなかった」といった言い訳や、「これはパワハラか否か」という不毛なやりとりを生じさせず、**パワハラにまつわるトラブルの解決を早める効果です。**

全員対象の研修を実施済であれば、パワハラ行為が発覚して指摘をする際にも、**「研修で、当社におけるパワハラ認定基準は説明しており、あなたは受講しているはず。それなのにあなたはそれに当てはまる行為をしており、ルールに違反している」**と伝えることができます。

逆に、単なる一般的指導に対して「パワハラだ！」と訴えてくる場合には、**「あなたはパワハラだと主張するが、本件は研修で勉強した『パワハラに当てはまらないケース』に該当する。これは正当な指導の一環である」**と、堂々と言えるようになります。

過去、パワハラにまつわる組織内トラブルに巻き込まれた方であれば、このように言い切れることがいかに有効かおわかり頂けるはず。

自組織には統一ルールがあり、そのルールを破った場合は処分するし、被害者は守られる、という前提が共有できて初めて、組織におけるパワハラ対策が機能し始めるといってよいでしょう。

（4）パワハラにならない指導とコミュニケーションを徹底する

ここまでの準備と目線合わせができれば、あとは日常のコミュニケーションに配慮すれば問題ありません。

では、どこまでが「指導」の範疇《はんちゅう》で、どのような行動や発言からが「パワハラ」となるのでしょうか。

過去の判例では、たとえ業務遂行目的だとしても、

- **感情的な怒号や粗暴な言葉遣い**
- **指示内容が抽象的、感覚的で伝わらない**
- **なぜ叱責されているのか理由がわからない**
- **相手の受忍できる限度を超える長時間や高頻度**

といった要素が含まれると、パワハラと判断されてしまう傾向があります。

逆にいえば、「業務遂行や育成指導のために必要なもの」であり、「合理的な内容」で、「相手に対する人格的な攻撃が含まれない」ならばパワハラではないと判断されています。

指導の際には理不尽な叱責と捉えられないよう、指示や指導の理由を明確にし、相

手が不本意と感じるような言い回しや繰り返しは避けるよう配慮すべきです。
具体的には、このような流れでおこなうとよいでしょう。

①指導の目的、相手にどうなってほしいかというゴールイメージを共有する
②相手の理解に合わせて言葉を選び、具体的に伝える
③相手のミスやトラブルによって、どんな問題や損失が発生しているのか説明する
④改善のために今後どう行動するか、本人の意見も聴きながら策定する
⑤業績が良くても、ルールを守れない者は評価できない、といった姿勢を伝える
⑥今後も問題が続くようであれば、就業規則に則《のっと》った処分に該当する旨を伝える
⑦最後に、指導が伝わったか本人の言葉で説明してもらう

このように指導すれば、部下としても何が問題で、何をなすべきか理解できるはず。指導の目的は相手を畏怖させて支配することではなく、主体的に行動が変わることです。

パワハラ類型を「パワハラにならないケース」と対比しよう

「職場のパワーハラスメントの6類型」として

(1) 身体的な攻撃

(2) 精神的な攻撃

(3) 人間関係からの切り離し

(4) 過大な要求

(5) 過小な要求

(6) 個の侵害

を挙げました。もう少し具体的に、オフィスでの日常的な場面を想定して「パワハラに該当するケース」と「該当しないケース」を説明していきましょう。

(1) 身体的な攻撃

殴る・蹴るなどの**身体的暴力**はもちろんですが、「書類を投げつける」などの行為も、**相手を威嚇する意図**でおこなったのであればパワハラに該当します。また、他の5種類は「反復性」が問われますが、**暴行・傷害の場合は一度でもおこなわれればパワハ**

ラと認定されます。しかし、「誤ってぶつかってしまった」などの過失であれば、パワハラにはあたりません。

（2）精神的な攻撃

必要以上に長時間の叱責をおこなったり、衆人環視の中で大声かつ威圧的な叱責をしたりするなど、人格否定や脅迫的な言動によって相手を傷つけたり辱めたりすること。テレワーク環境下では、全員が閲覧できるチャットルームや一斉メールで、特定従業員の人格・能力の否定や罵倒する内容を送信するなどの行為が該当します。

しかし、遅刻を繰り返すなど社会的ルールから外れた労働者に対して、再三注意しても改善されないために一定程度強く忠告すること、その企業の業務内容や性質などに照らし、重要な問題行動をした労働者に一定程度強く注意するなどは、パワハラにはあたりません。

（3）人間関係からの切り離し

特定の従業員に対し、集団で無視して孤立させたり、恣意的に業務から外して別室に隔離したりすること。テレワーク環境下では、オンライン会議に特定の従業員を招待しない、特定の従業員からの連絡に応じず無視する、出社日などに特定従業員だけ出社させず、在宅勤務を強要するなどの行為が該当します。

しかし、新規採用の労働者を育成するため、短期間集中的に別室で研修などの教育をおこなう、懲戒規定に基づき処分を受けた労働者に対して、**通常業務に復帰させる前に一時的に別室で必要な研修を受けさせるなどは、パワハラにあたりません。**

（4）過大な要求

長期にわたって過酷な環境下での勤務を強要したり、必要な教育をおこなっていないのに達成困難な目標を課して未達に対して強く叱責したり、業務とは関係のない私用の雑用処理などを強制したりすることです。

テレワーク環境下では、**頻繁な業務報告**や**過度な即返信の要求**、**深夜のWeb会議やチャットでの呼び出し**などが該当します。また、部下からは切り上げにくいオンライン飲み会を開催し、上司の話を聞くよう強要することも、**典型的な「業務上不要なこと」**のケースです。

しかし、労働者を育成するために、現在の能力よりも若干高いレベルの業務を任せたり、業務の繁忙期に業務上の必要性から、当該業務の担当者に通常時よりも一定程度多い業務の処理を任せたりすることは、パワハラではありません。

（5）過小な要求

懲罰として、普段はおこなわせないような雑用をさせたり、気に入らない部下に嫌がらせをするため、仕事を与えずに放置したりすることです。テレワーク環境下では、誰でもできる単純作業をさせたり、仕事を与えていないのに成果がないことを理由に低評価にしたりすることが該当します。

ただ、労働者の能力に応じて、一定程度業務内容や業務量を軽減することはパワハラではありません。

（6）個の侵害

労働者を職場外でも継続的に監視したり、労働者の性的指向や病歴など機微な個人情報について、本人の了承を得ずに他者に暴露したり、私物を無断で写真撮影したりすること。テレワーク環境下では、オンライン会議中に従業員の部屋や家族などを見せるようしつこく要求したり、本人の同意なくオンライン会議などの際に録画した映像を他者に見せたりすることが該当します。

ただ、労働者への配慮を目的として、労働者の家族の状況などのヒアリングをおこなったり、労働者の了解を得て、当該労働者の機微な個人情報について必要な範囲で人事労務部門の担当者に伝達し、配慮を促したりすることは、パワハラにあたりません。

パワハラ発生時の対処法として効果的なものは？

ここまでの対策を施したのにもかかわらず、不幸にもパワハラが発生してしまった場合、組織としてはどのように対処すればよいのでしょうか？

まず、被害が顕在化してから対処が後手に回ることのないよう、できる限り初期段階でトラブルの芽を摘めるようにしておきましょう。

有効なのが「相談窓口の設置」です。

相談窓口は、人事労務や法務部門、もしくはコンプライアンス担当部門の管理職や社内労働組合のトップを相談員として選任し、対応してもらえればすぐにでも設置できます。

ただ、相談員がパワハラ加害者となるケースや、加害者が相談員と個人的に密接な関係にあると、被害者が相談しにくいと感じることもあります。**その場合は、相談業務を委嘱できる産業医や顧問弁護士、顧問社労士や相談窓口対応を代行してくれる専門サービス会社など、外部リソースの活用も検討してください。**

いずれにせよ、**相談担当者はハラスメントや人権について充分な理解を持ち、中立的な立場で相談対応ができ、解決に向けて取り組める人物**であるべきです。

セクハラ対応が必要となるケースも鑑み、男女含めた複数の担当者を選任することが望ましいです。企業規模の問題で、複数担当者が選任できない場合は、最初から外部機関との連携体制を整備しておきましょう。

相談は対面のみならず、電話やメール、オンラインなど多様な形で受け付け、相談内容について機密が守られることを約束しておきましょう。

ヒアリングを丁寧におこない、相談者の了解を得た上で、加害者やハラスメントの様子を見聞きした第三者に事実確認を実施しましょう。事実確認の結果と物証、パワハラ類型、内部のハラスメント防止規定を基に、「**パワハラと認定できるか否か**」「**認**

定できなかったとしても、なんらかの対処が必要か否か」を判断し、対応策を検討していくことが重要です。

このとき、どうしても「パワハラに該当するか否か」のみがクローズアップされがちですが、真に注目すべきは「加害者側の言動や考え、信念にどのような問題があったのか」同様に「被害者側の行動や言動にも、加害行為を誘発させるような原因がなかったか」そして「それぞれはどのように行動、発言すべきであったか」といった原因究明です。

加害者（必要に応じて被害者側にも）に改善を促すことで、事態が悪化する前に解決に繋がることが期待できます。

その後の対応案としては、「加害者への注意・指導」「加害者から被害者への謝罪」「人事異動」「懲戒処分」などが考えられます。

さらにその懲戒処分についても、軽いものから順に「注意」（訓戒・戒告・譴責《けんせき》）「減給」「出勤停止」「休職」「降格」「諭旨退職」「懲戒解雇」といったものがあります。

これらは就業規則に基づき、事業主が従業員の秩序違反行為に対して科す制裁であり、問題行動への直接的な処分であると同時に、従業員全員に対し、当該問題行動が好ましくない行為であることを明確に示し、企業秩序を維持する目的もあります。

相談内容やその後の対処については、個別に相談記録票をつけて保存しましょう。懲戒処分をおこなう際の根拠となり、万一その後訴訟等に発展した際には証拠資料にもなるためです。なお、対処内容の軽重について**判断に迷った場合は、顧問弁護士や顧問社労士、各都道府県労働局の総合労働相談コーナーや労働基準監督署等に相談するとよいでしょう。**

最も重要なのは、パワハラが発生する根本原因を解決すること

「職場のいじめ・嫌がらせ、パワーハラスメント対策に関する労使ヒアリング調査」（独立行政法人労働政策研究・研修機構）によると、パワハラが起こる背景や原因には様々な要素が絡み合っており、中でも**「過重労働とストレス」「職場のコミュニケーション不足」「管理職の余裕のなさや教育不足、マネジメント能力不足」「成果主義や業績**

向上圧力」などの影響が大きいとされています。
まさに仕事柄労働環境が劣悪な「ブラック企業」と通じるところがあるでしょう。

- 人員削減・人材不足による過重労働とストレス
- 職場のコミュニケーション不足
- 会社からの業績向上圧力、成果主義
- 管理職の多忙・余裕のなさ
- 就労形態の多様化
- 業界特有の徒弟制度敵関係
- 事業構造の変化（に伴う人事異動）、職場環境の変化
- 業界の低賃金構造
- 上司部下間あるいは同僚間の人間関係の希薄化と信頼関係の欠如
- 行為者の資質やハラスメント意識の欠如
- 管理職に対する教育不足
- 人権意識や個人の尊重の希薄化
- 職場内に相談に乗ったり仲裁したりする人材がいなくなったこと
- コミュニケーション能力の低下
- 管理職のマネジメント能力の低下
- お金を支払っているという権利意識（ハラスメント行為者が顧客の場合）

（独立行政法人労働政策研究・研究機構
「職場のいじめ・嫌がらせ、パワーハラスメント対策に関する労使ヒアリング調査」）
（https://www.jil.go.jp/press/documents/20120427.pdf）

一方で、ハラスメントとは無縁な「雰囲気の良い会社」ならどうでしょうか？

そういった組織はおしなべて業績が好調で、従業員のマインドにも余裕が生まれます。結果、コンプライアンス意識を高めることにもお金を使えるし、無理な働かせ方をせずとも充分な報酬を用意できます。

必然的にコミュニケーション力やマネジメント力にも優れた人材が集まる、という好循環が生まれているのです。当然ながら優れた上司であれば、自らの成功体験をロジカルに説明して部下に再現させることが可能なため、暴言や脅迫などのハラスメント的手法に頼らずともマネジメントを遂行できます。もちろん、パワハラなどとは一切無縁です。

すなわち、パワハラが蔓延《まんえん》している企業の多くは、儲かっていないがゆえに低賃金で目標ばかりが高くなり、心の余裕がなく、当然コンプライアンスは後回しになりがちです。

そうなれば、まともな人材は採用できず、営業成績を上げただけで自動的に上司となり、部下を動かすにもパワハラ的な言動しかできない……という悪循環が生まれやすいです。

パワハラが発生する根本原因は**「儲かるビジネスを営めず、コンプライアンスを確**

保できるほどの余裕が持てない経営者とマネジメントの問題」といえます。心しておきましょう。

第5章

部下が「辞めそう」になったとき、上司にできることは?

会社を去る社員への「慰留」は立派なハラスメント

「パワハラ」「セクハラ」にとどまらず、世の中には「●●ハラスメント」が数多く存在します。

近年では、SNSに職場の人間関係を持ち込む「ソーハラ（ソーシャルメディアハラスメント）」や、ITやシステムに詳しい人が、それらを苦手とする人に嫌がらせをする「テクハラ（テクノロジーハラスメント）」など、現代ならではのハラスメントも生まれています。

また、以前から職場に存在した嫌がらせ行為が「ハラスメントの一種」と定義されたことで、改めて注目を浴びるケースも散見されます。

たとえば、就職活動時に複数企業から内定を得ている人に対し、自社が内定を出すことと引き換えに他社内定の辞退を迫る行為は「オワハラ(就活終われハラスメント)」と呼ばれるし、妊娠・出産した人に対する嫌がらせは「マタハラ（マタニティハラスメント）」、育休取得希望の男性社員に文句を言ったり、取得を邪魔したりするような行為は「パタハラ（パタニティハラスメント）」として忌避されています。

そのようなハラスメントのひとつに**「慰留ハラスメント」**があります。

本来あってはならないことですが、日本の職場では「慰留」は昔からよく見られる光景で、退職の意思を示した従業員に対して、会社側が必要以上の引き留めをおこない、退職希望者を困惑させることを意味します。

「ウチでやり切れないようでは、どこに行っても通用しないぞ！」といった説教で終わるくらいならまだマシなほうで、時には「この業界で仕事できないようにしてやる！」と恫喝《どうかつ》されたり、「退職など許さない！」と退職願を受理しなかったり、「代わりの人を採用するためにかかる費用を払え！」「損害賠償請求するぞ！」など、脅迫めいた言動で無理矢理退職を断念させようとするケースも実在し、私のもとにもよく相談が寄せられています。

実際、日々転職サポートをおこなっている人材紹介会社のアドバイザーを対象としたアンケートにおいて、「退職時・退職後にトラブルになる理由」として最も多かったのは**「企業から強引な引き留め」（76％）**でした。

ハラスメントに対する捉え方が厳しくなる昨今、退職希望者にネガティブな印象を

退職時・退職後にトラブルになる理由として多いものを教えてください

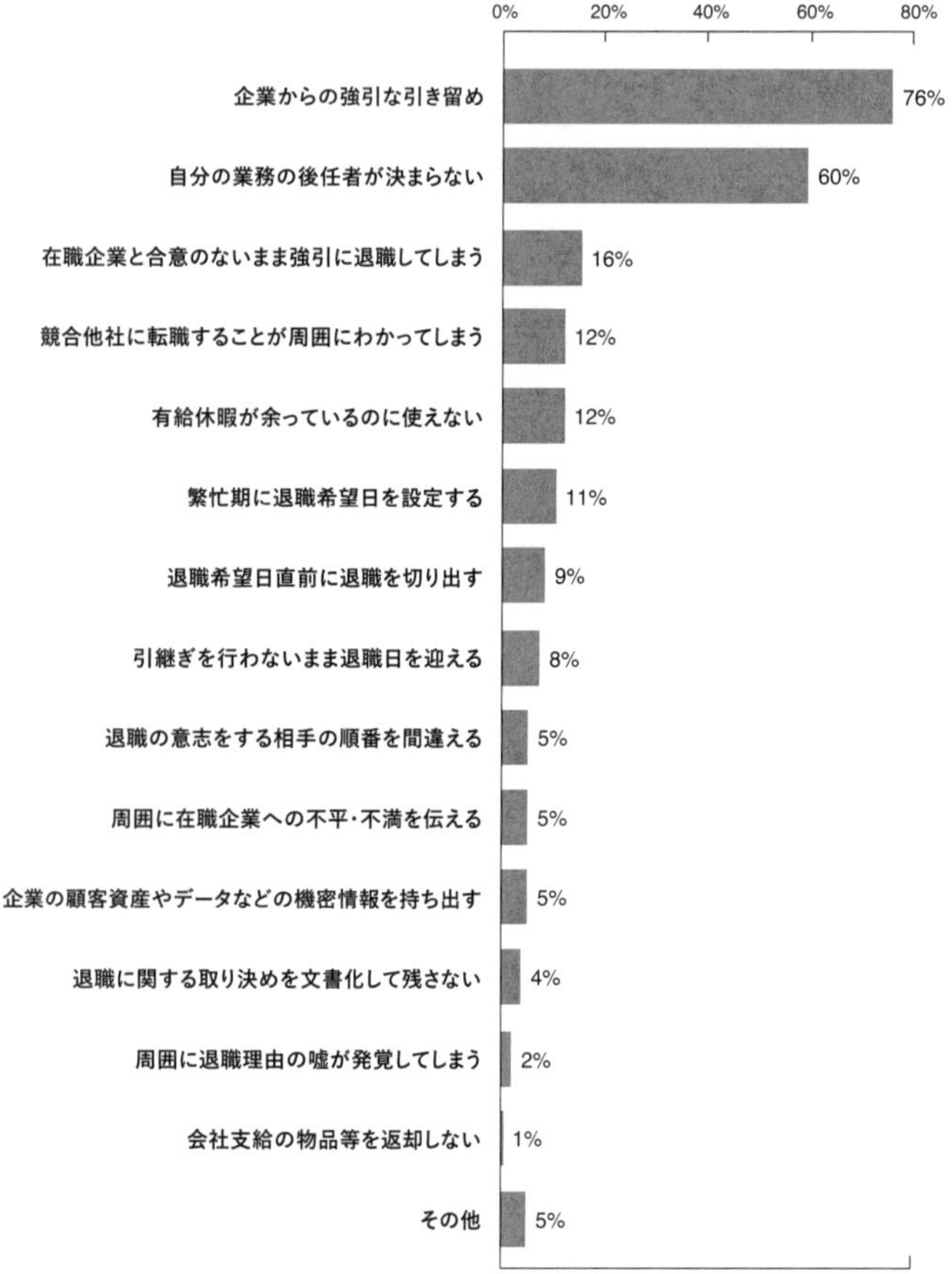

（エン・ジャパン株式会社：「『ミドルの転職』コンサルタントアンケート集計結果」
https://corp.en-japan.com/newsrelease/2016/3212.html）

与え、組織の評判まで落としかねない強引な引き留めを、なぜ企業は実行してしまうのでしょうか。

各社それぞれ事情は異なるものの、おおむね次のようなものが多いです。

「常に人員不足の状態で、退職者が出ることで他従業員に負担のシワ寄せが出ることを避けたい」

「新たに人を採用することが困難」

「補充人員採用には時間もお金も手間もかかる」

「退職者を出してしまった上長の社内評価が低下する」

どうでしょうか。よくよく見てみると、すべて会社の一方的な都合に他なりません。

逆に言えば、**そのような自己中心的なメンタリティが蔓延している組織だからこそ、従業員が離れているともいえるのです。**

会社員が辞める理由のベスト3は「人間関係」「仕事の内容」「労働条件」への不満

私は企業勤務時代、人事採用担当として、またキャリアコンサルタントとして、数千人に対して面接・面談をおこなってきました。

経験上、痛感するのは、**採用面接で応募者は前職の離職理由について建前しか語らず、それは本音とは大きく乖離《かいり》していることがほとんど**、という事実です。

建前の離職理由として一般的なのは、

「もっとキャリアアップしたい」

「会社の経営方針／経営状況が変化した」

「親／家族の介護のため」

などが多いのですが、本音を突き詰めてみると極めてシンプルな理由に辿り着きます。

日々、様々なメディアが本音の離職理由をアンケート調査し、ランキング形式で発表していますが、上位の理由については、数十年にわたって不動です。
その理由とは、

・**人間関係の不満**
・**仕事が合わない**
・**労働条件が悪い**

の3つ。

この手の調査において、我が国で最も広範、かつ母数の大きいもの（平成30年度調査では調査数約3万人、有効回答数約2万人）として厚生労働省「若年者雇用実態調査」が存在しますが、こちらにおいても離職理由の上位は**「労働条件」「人間関係」「仕事内容」**と、まったく同じ結果が出ています。

好条件を出して慰留しても、逆効果になる理由

上司からすれば、自分の部下が辞めるとなると、異動や新規採用によって代わりの

労働力を投入するなどの対処が必要になるため、大問題です。そのため、好条件を出して、部下を慰留することもしばしばおこなわれます。

一般的によく提示される条件としては「将来のキャリアパスを示す」「報酬アップや福利厚生の見直しを提示する」「労務負荷を軽減し、ワーク・ライフ・バランスを促進する」「新たなプロジェクトや責任あるポジションを割り当てる」「コミュニケーションとフィードバックを強化する」などが挙げられます。

確かに、一見するとよい条件に感じますが、もしあなた自身に転職経験があればよく考えてみてください。

あなたが勤務中の会社に愛想を尽かし、転職活動を始めた時点で、仮に会社側がいかに好条件を提示して慰留してこようとも、気持ちは概ね固まっていたはずです。

むしろ、退職を前提に動いているときに、「実は来期にお前の昇進を考えてたんだ」「部長もお前のことを評価してたぞ」「好きなポジションに異動させてやる」などと言われたところで、「それならもっと早く言ってくれよ！」と感じるでしょうし、却って組織への信頼度は下がるでしょう。ましてや、「この会社で頑張っていこう！」などとは思えないのではないでしょうか。

つまり、部下が退職意思を固めてしまった時点で、周囲にできる慰留策はもはや存在しないものと考えたほうがよさそうです。実際、中小企業庁の調査においても、就業者の立場における**「就業者から見た、仕事を辞めないために（組織側に）必要な取組」としてもっとも多かった回答は「どのような理由があっても退職は避けられなかった」**でした。

残念ですが、**「退職したい」という部下に対して上司や会社がやるべきは、「余計な邪魔をせず、円満退職をサポートする」ことに尽きます。**

慰留を重ねることで「何を今さら……」と部下にネガティブな感情を持たれるのではなく、退職に伴う諸手続をスムーズに進め、残っている有給休暇の消化を勧め、これまでの部下の貢献や努力をたたえ、送別イベントや記念品を贈呈するなどの贈り物などの形で感謝の意を示し、部下が気持ちよく辞めていける環境を作り出すことです。

円満に退職へと至ることで、その後、部下が転職先でクライアントになったり、パートナーとしてなんらかの業務に関わったりする可能性もあります。

その先を考えれば、長期的に良好な関係性を維持し、今後のネットワーク構築にも寄与することができるはずです。

就業者から見た、仕事を辞めないために必要な取組

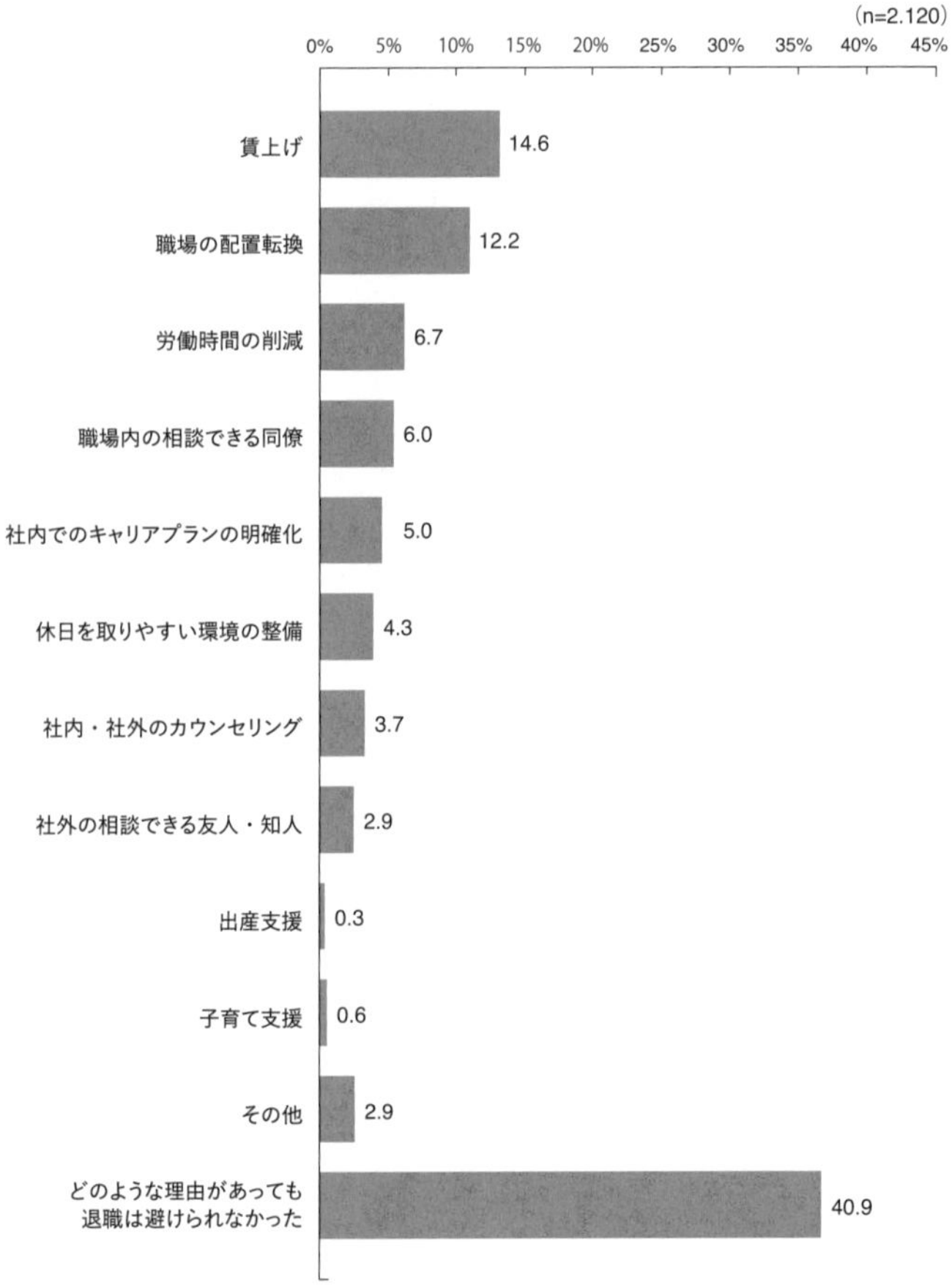

中小企業庁委託「中小企業・小規模事業者の人材確保と育成に関する調査」(2014年12月、(株)野村総合研究所)

「辞める兆候」にいち早く気づこう

部下が退職を考え始めると、往々にして普段の行動や雰囲気に兆候が出るものです。日々メンバーに接する中で違和感があれば、ぜひ芽を摘んで解決しておきたいところです。それは当人のみならず、組織のためにもなることです。

「辞める兆候」は数多く挙げられますが、**「とどまるか辞めるか悩んでいる」段階から「転職を意識し始めた」段階、そして「退職意思を固めた」段階**に至るまで、それぞれの心理状態に応じた特徴的な反応が見られることがあります。順に挙げていきましょう。

■第一段階「とどまるか辞めるか悩んでいる」

まだ退職意思が明確ではなくとも、「この組織で今の仕事を続けていてよいのか……」と進退について悩んでいるときは、**普段の態度や発言に多少の変化が表れる**ものです。たとえば、このような事例が象徴的です。

・自分から挨拶をしてこなくなったり、こちらからの挨拶への反応が薄くなった
・これまであまり自己主張しなかった部下が、給与交渉や昇格、部署異動などについて打診してきた
・仲の良いメンバー同士での世間話やランチ、飲み会への参加頻度が減った
・いつもは1人で過ごすことが多い部下が、急に連れ立ってランチや飲み会に行くようになった
・「●●さんが愚痴や不平不満をこぼしていた」との噂《うわさ》が聞かれたり、実際に本人の口からネガティブな言葉が出てくるようになった

これらの兆候からは、本人が職場環境や業務内容、待遇などに何かしらの不満を感じていたり、悩みを抱いていたりする可能性が窺《うかが》えます。心を許せる人に相談をしているケースもあるでしょう。この時点で、本人にとってのネガティブな要素をすくい上げ、解決することができれば、不本意な離職を未然に防ぐこともできるでしょう。

■第二段階「転職を意識し始めた」

日常的な行動や発言に明らかな変化が表れ、これまでとは異なる姿勢が見えるようになると、**転職を意識して、具体的なアクションを取り始めた可能性**があります。具体的にはこのようなケースが挙げられます。

・業績やパフォーマンスが、一時的にではなく、一定期間にわたって低下している
・以前は興味を示していた業務やプロジェクトに対する関心・意欲が見られなくなった
・よく残業し、あまり休むこともなかった部下が、定時帰りの日が増えたり、有休取得の頻度が増えたりしている
・業務時間中に私用電話に立つ様子が見られる
・急に、新たな資格試験の勉強を始めた

転職に向けてアクションを取り始めると、エージェントや転職先企業との面接のために時間を割いたり、外部との連絡が頻繁になったりする傾向があります。その影響で本業に従前ほどは本腰が入らなくなり、逆に新天地で必要な勉強を始めるなど、**日々の行動に少しずつ変化が見られるようになるでしょう。**

当該部下を引き留めたい場合は、このあたりがラストチャンスになります。

本人にとって魅力を感じられるポジションや報酬、労働環境などを用意して、組織が本人にどれほど期待しているかを具体的に示さなければなりません。

■第三段階「退職意思を固めた」

残念ながらこの段階にまで至ってしまうと、引き留めはなかなか困難かもしれません。既に転職活動が相当進んでいる可能性が高いためです。具体的には、このような様子が見えているはずです。

- ・仕事に身が入らず、業務時間中もボーッとしていることが多くなった
- ・会議やプロジェクトチーム活動など、社内活動への積極性が低下し、関与のために割く時間やエネルギーが明らかに減少している
- ・遅刻が増えたり、有給休暇を限度ギリギリまで取得しようとしている
- ・これまでなんとなく辛《つら》そうな様子だったが、一変して晴れやかな表情をするようになった

・自身が担当している業務に関して、マニュアルを作り始めた
・デスク周りに置いていた私物がだんだんなくなっていき、スッキリし始めた

ただしながら、これらはあくまで一例であり、個々のメンバーの性格や状況によって異なる場合ももちろんあります。重要なのは、このような兆候によって**「普段と何か様子が違う」と変化に気づけるくらい、あなたが日常的に部下に関心を寄せているかどうか**です。

さらには、変化が起きてから慌てて取り繕うのではなく、「最近どう？」「うまくいってる？」といった形で、普段のコミュニケーション機会を大切に活《い》かし、積極的にかかわり続けることで、彼らとの地道な信頼関係を構築していくことが有効です。

昨今増加する「退職代行サービス」とその違法性を知ろう

慰留ハラスメントを避けたい人や、職場の人間関係が悪いためにそもそも退職を言い出しづらい人、出勤自体が苦痛で今すぐ辞めたい人などを中心に利用が広がってい

るのが「退職代行」サービスです。

文字通り、依頼者に代わって退職手続を代行するサービスであり、依頼者は会社側と一切コミュニケーションを取る必要がなく、精神的プレッシャーやハラスメントと無縁で退職できることを売りにしています。

「自分で選んで入った会社なのに、自分で辞めると言い出せないなんて根性がない‼」

「『逃げの転職』を助長するのではないか⁉　仕事を引き継ぐ人の立場も考えろ‼」

などと、このサービスの存在自体と利用者のマインドを疑問視する声は以前から存在しますが、一方で退職代行へのニーズは根強いものがあり、利用者数も拡大基調にあります。

民間調査機関の調査によると、20～30代における退職代行サービスの認知率は63・9%におよび、「退職代行の利用を検討している」と回答した割合が44・7%。そして「辞めるときには退職代行を利用する」と確定的に回答した人は約2割も存在していることが明らかになりました。

実際に、専門業者や弁護士事務所など運営母体は様々なものの、退職代行を名乗るサービスは既に１００以上も展開しているのです。

サービスの流れ自体は各社ほぼ同様です。

Ｗｅｂサイトのフォームや電話、ＬＩＮＥ等で問い合わせをおこない、雇用形態や退職希望日、退職にあたってネックになっている要素や悩みなどを伝えます。

打ち合わせ終了後、代行業者に料金支払を済ませれば、依頼者は会社や上司と直接やりとりをすることなく、自動的に退職手続が完了するという仕組みです。

ちなみに**料金は専業の代行業者で2万～5万円程度、弁護士事務所が運営するサービスではその料金に＋1万～3万円**といったところが相場です。また「退職できなかった場合は料金を全額返金する」との保証をつけているところが大半のようです。

現在、退職代行サービスを運営している母体は大きく**「民間業者」「労働組合」「弁護士事務所」**に分類できます。

このうち、最も対応可能領域が広いのは**「弁護士事務所」運営**によるもの。彼らは退職希望者から委任を受けた代理人として、退職意思伝達のみならず、有給休暇の買取や退職日調整、未払金支払や損害賠償請求など、あらゆる交渉をおこなうことができるためです。

一方で、最も対応可能領域が限られているのが「民間業者」です。彼らができることは、あくまで「使者として退職希望者の退職意思を伝える」という1点のみ。それ以外の業務引継ぎや未払金支払、有休消化といったもろもろの退職条件交渉をおこなうことはできず、もしやってしまえば、弁護士法第72条で規定される「非弁行為」にあたり、違法となってしまうのです。

〈弁護士法第72条〉
「弁護士でない者は、報酬を得る目的で訴訟事件、非訟事件及び審査請求、異議申立て、再審査請求等行政庁に対する不服申立事件その他一般の法律事件に関して鑑定、代理、仲裁若しくは和解その他の法律事務を取り扱い、又はこれらの周旋をすることを業とすることができない。ただし、この法律又は他の法律に別段の定めがある場合は、この限りではない」

しかし、民間業者の中には「使者」としての役割を超え、本来は違法な条件交渉までやってしまう悪質業者が存在します。彼らのような法的に代理権限がない者が交渉した場合、たとえそれが善意によるものであっても、交渉内容や退職そのものが無効になるリスクがあるのです。

会社側が良かれと思って提示した有休消化や退職条件交渉を取り持つこともできないため、結果的に改めて弁護士に依頼しなければならなくなったケースがあったりするなど、トラブルに至る事例も報告されています。

なお**「労働組合」が母体の代行業者はその中間にあたります。**労働組合は法的に「団体交渉権」を持つため、民間業者では不可能な企業側との直接交渉、具体的には、退職日の調整や有休消化、未払金の支払要求といった基本的な要求は対応可能です。もし会社側が労働組合の交渉要求を拒否した場合、逆にそちらのほうが違法（不当労働行為）となってしまうため、交渉においては強い立場にあるといえるでしょう。

もしも退職代行を使われた場合、目指すべきは「円満退社」

もしあなたが退職代行サービスを使われる側となった場合、どのように対処すればよいのでしょうか。

まず、従業員自身からの申入れであっても、退職代行サービス経由であっても、企業は基本的に従業員の退職を止めることはできません。業務引継ぎや有休消化などの交渉はできる余地がありますが、「退職する」という結論自体は覆せないものとお考え頂いたほうがよいでしょう。

したがって、「円満退職」を目標にして行動することが原則となります。

その上で、まずは当該従業員が本当に退職代行サービスを依頼したのかどうかを確認するため、委任状等の提示を求めてください。

そのような書類がない場合は、**「従業員本人の意思であることの裏づけが取れない限りは、退職手続を進めることはできない」**と伝える必要があります。

そして、申入れをしてきた**退職代行業者の運営母体が「民間業者」「労働組合」「弁護士事務所」のいずれなのかを確認します。**このうち「民間業者」が業務引継ぎや有休消化などの交渉をしてくるのは違法な非弁行為にあたりますので、「本人からの申し出でなければ応じられない」と明確に伝えた上で、**会社の顧問弁護士や社労士などと相談し、本人へ直接連絡するなどの対応を取ることをお勧めします。**

退職は従業員本人の意思によるもので、退職代行業者にも違法性がないと判明すれば、あとは通常の退職手続と同様に進めていくことになります。

本来退職手続など、退職届を出すだけで済んでしまうことです。にもかかわらず、わざわざ数万円をかけてサービスを利用する人が確実に存在するという事実は、「**そうでもしないと言い出せない**」「**今すぐにでも抜け出したい**」といった強い思いと、同じ数だけの劣悪な労働環境が存在するということでもあります。

退職代行サービスを使われた側としては、退職希望者を恨めしく思ったり、逆上してしまいたくなったりすることもあるでしょう。

しかし、この機に「そこまでして辞めたいと思わせる原因が自社にあったのでは……」と反省材料にできれば前向きですし、仕事を放り出して音信不通になられるより、辛うじて代行会社という細い糸で繋がり、パソコンのパスワードだけでも聞き出せたことをラッキーだったと考えるべきではないでしょうか。

第6章

社内モチベーションを下げる、問題社員との向き合い方

問題社員がいると、職場全体の生産性は激減する

本章で取り上げる「問題社員」という言葉を聞いたとき、皆さんはどんな存在を思い浮かべるでしょうか？

「遅刻や欠勤を繰り返す」
「協調性がない」
「仕事をやる気がそもそもない」
「指示に従わない」
「人柄や素行が悪い」

これらの問題があり、しかも会社側でいくら指導してもなかなか改善できない、もしくは改善しようとしない従業員が、一般的に「問題社員」と呼ばれます。

往々にして彼らは自分自身に問題があるという意識が皆無で、「自分が評価されないのは上司や会社のせい」といった他責思考を持ち、日常的に不満を漏らしては、周囲の雰囲気を悪くするなどの迷惑をかけ続ける存在です。

しかも、そういった社員に限って社内の誰よりも労働法規に詳しく、労働者が法律に守られた存在であることをよくわかっており、中にはわざと上司を怒らせるように

挑発してくる人もいます。これでは上司もまともな指導はできなくなるし、真面目に勤務するその他多くの社員は不利益を被るだけになってしまうでしょう。

問題社員が社内にいる限り、組織全体の士気は低下し、真面目な社員はメンタル不調を来し、優秀な社員が退職してしまうなど、企業全体の業績にまで影響が及ぶこととなります。さらには、社外からの評判や信頼にまで悪影響を及ぼすなど、その存在は害悪でしかありません。

しかも、ひとつ対応を誤ると、会社側からの善意の指導や注意はパワハラや不当労働行為と捉えられ、望まぬトラブルへと発展してしまうケースもあります。悪影響でありながら、慎重な対応が求められることこそ、問題社員と呼ばれる所以《ゆえん》でしょう。

会社にとって害をなす存在である以上、本来ならば会社を退職してもらうのが一番望ましいことは間違いありません。

映画やマンガでは、ヘマをした部下に対して上司や経営者が「お前はクビだ！」などと宣告する場面をよく見かけます。

しかし、これができるのはあくまでフィクションの世界か、日本とは法律が異なる海外だけ。**日本ではそう簡単に、従業員をクビにすることはできません。**法律と判例、すなわち「裁判で解雇が無効だと判断された事例」の積み重ねによって、現行の「労働契約法」による解雇規定として定められ、労働者の雇用は手厚く守られているからです。

一般的に「日本は解雇規制が厳しい」と言われますが、実はこれは「解雇を規制する法律がガチガチに固められていて、解雇したら即ペナルティが科せられる」というわけではないのです。

厳密に言うと、**「解雇自体はできるが、もしそれが裁判になった場合、解雇無効と判断されるケースが多いため、実質的には解雇が困難」**という表現がより実態を正確に表していると言えます。

したがって問題社員に関しては、そもそも「問題社員を発生させないこと」、そして不幸にも問題社員が出現した場合は**「極力合法的な手段で、できる限り円満に組織から去ってもらうこと」**を心がけねばならないのです。

問題社員を発生させないコツは「細かい対処」

簡単には解雇できない以上、最も良い方法は問題社員を発生させないことです。

一般的に社員がトラブルを起こし、問題社員となってしまう大きな要因は、**「コミュニケーション不足」もしくは「放置」によるものです。**

特に人手不足の状況下や、自社が業績不振の局面など、苦労して採用したという思い入れがある人物ほど、仮に何かしら問題を起こしても、つい腫物に触るように扱い、問題行動に厳しく指摘できないという事態も起きがちです。

「まだ入社間もないから……」「異業界からの転職だし、仕方ないか……」「今ヘソを曲げて辞められると困るし……」「厳しく指導して、パワハラと言われたり反発されたりしたら面倒……」などの考えを抱いて、指導を後回しにするのではなく、その都度きちんと注意指導し、記録は文書で残しておきましょう（その際の具体的な方法は、本章内**「書面による注意をおこなう」**の箇所で解説しています）。

実際、問題社員の行動に適切に対処しなかった結果、炎上騒動となり、訴訟にまで発展したトラブルも発生しています。

S社において**営業部員に欠員が出たため、同社の経営者A氏と旧知であったB氏を3ヵ月間の契約社員として採用しました。**

B氏の営業成績は芳しくなかったものの、本人から懇願されたためもう3ヵ月契約期間を延ばしましたが、その契約満了が近くなると、営業成績が伸びないどころか、勤務を怠けたりする等の行動が目立つようになり、**A氏が指摘しても改善されなかった**のです。

具体的には、急に会社や日々の業務への不満を口にするようになり、**「この会社おかしいと思わない？」**などと、上司や経営陣に問題があるかのようなネガティブな噂を周囲に吹聴《ふいちょう》したり、会社に無許可で副業をおこなったり、競合他社に内部情報を漏洩《ろうえい》させたりするなどの行為が発見されました。

会社側はB氏に対し、素行不良を理由に正社員雇用はできない旨を伝えます。するとと直後にB氏は、個人でも加入できる外部の合同労働組合（ユニオン）に駆け込み、会社宛に団体交渉を申入れ。**「B氏を正社員登用せずクビにするなら和解退職金として1200万円払え。和解金を支払わないならB氏を復職させ、12〜17時までの5時間勤務、残業ナシにせよ」**との要求を突きつけてきました。

中小企業であるS社に1200万円を支払える余裕などなく、要求通りB氏を復職させるしか選択肢がなかったのです。

しかし、B氏は復職初日から、取引先等の情報が掲載されている重要な名簿やID・パスワードを無断で持ち出そうとしたり、給料を**「月額48万円にしろ」などと要求**。また過去の仕事ぶりからとても営業は任せられないと、会社側から内勤業務に就くよう求められると、B氏は強く不満を呈して業務拒否を貫き「営業をやらせろ」と要求するなど、まったく労働力として価値を発揮できる状況ではありませんでした。

B氏のあまりの傍若無人な態度に対して、経営陣は毎日のように説得していましたが、さすがに業を煮やして語気強く迫ったところ、一部始終を録音していたB氏が特にセンセーショナルな部分だけを切り取って**「パワハラを受けた！」とSNS上で声を上げ、S社に損害賠償を求めて提訴した**のです。それが複数のメディアで報道され、S社と経営者は「パワハラブラック企業」と強い批判を受けてしまいます。結果的に**裁判は和解で終了し、S社はユニオンに和解金を支払い、B氏は傷病手当をきっちり1年半分受け取ったあと退職していきました。**

相手が問題社員か否か、また具体的な問題行動の有無を問わず、**普段から従業員と密なコミュニケーションを取っておくことを基本として心がけておきましょう。**

具体的には、**月1回程度のペースで各従業員と面談することは有効**です。

一対一でヒアリングし、課題や悩みに対してフィードバックをおこなうことで、**上司であるあなたと部下間での信頼感の醸成**に繋がります。

しかも、会社組織における様々な意思決定の意図を直接伝えられる機会ともなり、問題行動の芽があれば気づいて摘むこともでき、将来的な「モンスター化」を予防できる効果も期待できます。

仮に問題行動が確認できた場合、都度指摘することが被害拡大防止のためには有効とお伝えしましたが、**それも普段から密なコミュニケーションがなされていて、お互いに一定の信頼関係ができていなければ、突然指導したところで「何をいきなり言い出すんだ」と反発が生まれるだけです。**地道なコミュニケーションを継続することで、必要なタイミングで指導ができるための素地をつくっていると捉えて頂ければよいでしょう。

面談の場では、問題行動やその予兆など、気づいた点があれば指摘をおこないましょう。

その際は、言いっぱなしで終わるのではなく、**指導に対して「いつまでに」「どのような」アクションを起こし、結果としてどう改善したのか、都度確認してきちんと指導が活かされているか振り返りましょう。**そこまで徹底することで、規律が守られる風土が醸成されていきます。

よくないのは、同じ従業員が起こす同じような問題行動に対して、上司があるときは指導し、別のタイミングでは指導しないこと。あるいは、上司によって指摘する人としない人に分かれたりするなど、組織としての対応に一貫性がないなどの現象が起こることです。

そうすると、問題社員は「この組織には統一した対応指針もないし、管理職の対応もバラバラだ」と、仕事や会社を軽視することになりかねません。

問題社員が出現したときは、まずは周囲にヒアリングを

もしあなたの会社の従業員に問題行動や言動が実際に見られたり、もしくはそのような報告がなされたりした場合、どうすればいいのでしょうか。

まずは、いきなり本人に問い質《ただ》すのではなく、客観的な状況を確認し、把握することが重要です。

具体的にどのような問題が発生しているのか、その原因は何だと考えられるかを調査しましょう。その問題社員本人が抱える個人的な問題の可能性もありますが、一方で、**組織で発生した問題に対処するために、あえて本人が問題行動をとっている可能性も考えられるからです。**

本人から事情聴取する前に、**客観的かつ俯瞰的に把握することを心がけ、周囲の社員や先輩、上司などに対しても広くヒアリングをおこないましょう。**

初期に的確な状況把握をすることが、その後の適切な対応に繋がっていきます。

その後の本人へのヒアリングにおいて問題行動を否認される可能性を考慮し、この

時点で、周囲からヒアリングをおこなう際は、**具体的な証拠（証言の他、メール、録音、録画など）があれば極力確保しておくことをお勧めします。**

問題社員本人へのヒアリングにおける3つの注意点とは？

続いてのステップが、問題社員本人からのヒアリングです。話もまともに聞いてくれないような問題社員である場合は、「どうせ言い訳を聞かされるのだろう」と感じて、事情をヒアリングすること自体、気が重くなるはずです。

しかし、この段階におけるヒアリングの目的は、「問題社員の言い分を受け容れる」ためのものではありません。**あくまで「問題社員がいったいどのような理屈で問題行動を起こしているのか、相手の思考パターンと行動パターンを把握する」ためのものです。**

今後、のどのような方針で対応を進めていくか決めるためにも、問題社員本人の思考と行動を把握することが必要なので、以下の留意事項に沿って進めてください。

ちなみにこの進め方は、相手が問題社員でなくとも、「怒り等で感情的になっている人」や「悪質クレーマー」等に対応する際にも有効なので、すべてのビジネスパーソンがマスターしておいて損はありません。

(1)相手が落ち着くまで話をさせる上で必要な「3ない」ルール

感情的になっている相手に、理詰めで対応しようとすると逆効果になります。**まずは相手の感情が落ち着くまで話をさせ、言い分をきちんと聴いているという姿勢を示しましょう。**それによって相手も冷静になるし、問題点が明らかになるという効果もあります。

このとき留意しておきたい、聴くときの「3ない」の**ルールがあります。それは「遮らない」「疑わない」「突っぱねない」**です。なお、これはあくまでこの時点での話なので、問題社員の嘘がわかって最終的に疑うことはもちろん可能です。

●「遮らない」

自分の話を遮られるのは誰でも嫌なもの。いくら相手の話が支離滅裂でおかしいと思っても、途中で遮って「でも……」「しかし……」と反論してしまうと、「いいから聞いてくださいよ！」と却って相手をヒートアップさせてしまいかねません。

せっかくヒアリングの場を設けたのですから、まずは相手の思いや伝えたいことをすべて吐き出させましょう。

●「疑わない」

相手の言い分には一方的で疑わしい部分があるでしょうが、たとえ信じがたい内容であっても、即座に否定したり、「嘘だろ？」「本当なの……？」と聞き返したりしないように心がけましょう。その態度が相手の気分を害し、その後の対処を困難にしてしまうリスクがあります。

●「突っぱねない」

たとえ相手の意見や要望に誤解や受け入れられないことがあったとしても、その場で「でも会社は悪くない」「あなたにも問題がある」と突っぱねてしまうと、せっかく怒りをクールダウンさせる場を用意したのに逆効果になります。気持ちはわかりますが、まずは相手を落ち着かせることを優先すべきです。

（2）「傾聴」と「共感」によって、話を深めつつ事実確認する

「3ない」に留意しつつ聴く姿勢を示すことで、この段階における「傾聴」が活きてきます。**自分が聞きたいことだけを聞くのではなく、相手に注意を払って丁寧に聴き、相手の伝えたい意図を受け止めること**が重要なのです。

あなたが問題社員のために時間を割き、相手の話を引き出し、徹底的に傾聴と共感をおこなえば、普通であれば「**心ゆくまで話ができてスッキリした**」「**じっくり聴いてくれて嬉しい**」「**自分は大切にされている**」という思いが生まれ、信頼回復には充分な効果が期待できます。

実際、特段アドバイスなどおこなわなくとも、ただ「話を聴く」だけで不平や不満がかなり解消できる、ということも多いです（この点について、詳しくは第3章の「コミュニケーションサイクル」の項目をご参照ください）。

（3）客観的事実と主観的意見を整理する

問題社員の言い分は往々にして、事実と意見がごっちゃになった「一方的かつ主観

的な意見」であり、彼らが主張するような問題や違法行為が本当に発生したかどうかはヒアリング段階ではわかりません。

たとえば、「先輩の●●さんに詰問されてこわかった！　パワハラだ！」という訴えがなされたとしても、それはあくまで「私はパワハラを受けたと認識している」という情報だけであって、**本当に「詰問」があったのかどうか、そしてそれが「パワハラ行為」だったのかどうかはその時点では断定できません。**

ここまでの問題社員本人および周囲へのヒアリングをもとに、本人の主張と起きていたことにまつわる裏付けをとっておき、**その上で「これは問題社員の主観的意見」「これは証拠もある客観的事実」という具合に整理して記録することが重要です。**さもなければ、問題社員の意見だけに皆が振り回されることになるでしょう。

（4）対処方法を検討し、提示する

これまでに得られた情報を取りまとめ、内容を踏まえた上で問題社員への対処方法を決定しましょう。

問題社員の意見が妥当性のあるものならば、具体的な対策を考えるべきです。会社として「**できること**」「**できないこと**」を明確に示した上で、「**いつまでにどのような状況まで変化すれば納得できるか**」というゴールイメージをすり合わせて共有し、組織全体の仕組みとして改善できればよいでしょう。

一方で、問題社員自身の言動や行動を正すものであれば、「問題行動が発生する原因」自体を解決すべきです。**上司や先輩、同僚にも協力を仰ぎながら、同様に期限を定めて、「あるべき姿」を目指して改善を促しましょう。**

仮に、問題社員からの要求が到底受け入れられない理不尽なものだったとして、一連のヒアリング過程において相手の主張に丁寧なケアをしていれば、関係破綻するリスクは低くなります。

その際は一般論や正解を提示するのではなく、ニュートラルに「**私個人の考えとしては」という立場を保ちつつ、あなたが伝えたいこと、伝えるべきこと**を明確に伝えましょう。

逆にこのタイミングで一番避けたい対応は、一刻も早く問題社員絡みの面倒な事態を収めたいがため、**理不尽な要求を（一部だけでも）呑んでしまうこと**です。

一度でも要求が受け入れられてしまうと、その後、要求がだんだんエスカレートしていくことが多く、**事態をさらに悪化させることにも繫がってしまいます。**

あくまで、是非を明確に伝えることが大切です。

（5）経過観察する

対処方法を提示したことで、問題社員の意識や言動、行動に変化が見られ、問題が解決する可能性もあります。まずは一定の期間を設定して様子を観察し、改善が見られるかどうか確認しましょう。改善したのであれば、問題は軽度であったということで何よりの結果です。そして**それでも問題が解決しない場合は、次の段階、「人事的な対処」へと移りましょう。**

ヒアリングの次は、書面による注意をおこなう

「問題社員をとにかく辞めさせたい」といったご相談を頂くこともしばしばあるのですが、そのためにはまず、ここまでご覧頂いたような地道な布石を打っておくことが

必要です。

「これほどまでに会社が手を尽くしたのに、どうしても改善しなかった」という背景事情があって初めて退職勧奨や解雇が有効になるからです。

問題社員を強制的に辞めさせる前に、まずはここまで説明してきた対応と建設的な指導を着実におこない、その記録を逐一書面に残しておくことが重要です。そして、一定期間経過観察したうえで、それでも改善のきっかけを掴めなかった問題社員に対しては、段階的に厳しい対応へと移行しましょう。

まず、当該問題社員に対して「注意指導」をおこなうところから始めます。注意というと口頭での注意が一般的ですが、それだけでは後々「言った」「言わない」の問題となり、もし裁判等に進展した場合に注意指導がなされたことが証明できないリスクもあります。

そのようなトラブルを回避するため、注意の際はその内容が記された書面を合わせて交付し、同時に問題社員から内容に齟齬がない旨の署名・押印を取得しておくようにすべきです。

口頭だけの注意では伝わりにくくとも、形ある書面に残ることで改善に繋がる場合もあり、書面を受け取り、内容を確認した旨の記録が確かに残ることで、問題社員の問題行動が実際にあったことと、それに対して指導がなされたことの証明が容易になるという効果もあります。

人事異動や配置転換をおこなう

業務命令により、組織内で問題社員の位置づけを変更することも有効です。

人事異動には様々な種類が存在しますが、同じ企業の同一勤務地内における所属部門の変更を「配置転換（配転）」といい、同じ企業内の勤務地変更を「転勤」、企業外への配転を「出向」や「転籍」として区別しています。

なお人事異動としての配転においては、降格や減給などが伴わない、あくまで「横移動」であることが一般的です。

配転で異なる職種に就くことにより、業績不振の社員であっても新たな適性が発揮される可能性があることや、裁判においても「会社は雇用維持のために努力をした」と判断される材料となるため、問題社員対応の手段としては必須かつ有用な選択肢といえます。

その際、「社員をどこに異動させるか」を決定する人事権については、権利の濫用を防ぐため、労働法や労働協約によって様々な制限を受けており、無条件で行使できるわけではないことに留意しておきましょう。

なお、人事権には3つの制限事項があり、この要件を無視して異動させてしまうと、「人事権の濫用」として無効になってしまう可能性があります。必要なのは以下の3点。

(1) 業務上の必要性があること

(2) 労働者に不利益を負わせないこと

⇒たとえば、当該社員の家族に介護を要する者がおり、当該社員の転勤によって介護継続が不可になる場合に、転勤命令が無効になった判例があります。一方で、単身赴任や子の転校を要する程度であれば有効と判断されることが多く見られます。

(3) 他の不当な動機や目的がないこと

⇒明らかな嫌がらせや見せしめ目的である場合は権利濫用と判断されたり、パワハラとして損害賠償請求が認められたりする可能性があります。

そして当然ながら、配置転換や降格、出向、転籍などがあり得る旨をあらかじめ就業規則に明記しておき、労働契約書面でも本人に合意を得ておきましょう。

「教育研修」も活用しよう

「指導しても改善しなかった」という記録が積み重なり、評価にも反映したのであれば、**その判断をもとに異動や配転、降格や減給がおこなわれます。**

しかし、たとえ問題社員の業績が芳しくなくとも、それだけを理由にして解雇することは残念ながら困難です。

労働基準監督署や裁判所では、**「能力不足の問題社員といえども、その社員を面接して採用したのはあなたの会社なので、会社として手を尽くして社員の成長をサポートし、本人の適性に合った仕事をあてがうべきである」**という判断をされることが常です。

逆に、社員の能力不足が著しいことが判明した上で、会社側が複数回の配置転換をおこない、また研修機会を用意して教育指導を施すなどのサポートをおこなった後に、それでも改善が見込まれなかったという理由での解雇は有効と判断された例もあります。

まずはいきなりのクビではなく、教育訓練、目標設定とサポート、配転などの機会を設けた上で、「できる限りの支援を実施した」という記録と証拠は残しておきましょう。

懲戒処分をおこなう際の注意点とは？

注意や配転でも改善が見られない場合、「**戒告**」「**減給**」「**出勤停止**」「**降格**」といっ**た就業規則で定めた制裁罰（懲戒）を検討することになります。**

いずれも従業員の生活に大きな影響を及ぼすので、不当なやり方でおこなうと却って「不法行為」「不当労働行為」だとして損害賠償を請求される場合があります。

また、その後の退職勧奨や解雇の有効性を争う場合にも不利になるリスクがあるので、問題となっている事象の重大性や頻度などを考慮した上で、下すべき処分を慎重に選択しましょう。

懲戒処分とは、企業が従業員の企業秩序違反行為に対して科す制裁であり、いわば「問題社員の問題行動に対して公式に罰を与える」こと。

問題社員への直接的な処分であると同時に、従業員全員に対し、当該問題行動が好ましくない行為であることを明確に示し、企業秩序を維持する目的もあります。適切な懲戒処分をおこなうことで、企業の規律を高める効果がある一方で、労働者にとっては不利益にあたるため、慎重さが必要です。特に次の3点には注意してください。

（1）就業規則や労働契約における規定が必要

どのような行為が懲戒処分に該当するのか、あらかじめ就業規則等で明確に定めておく必要があります。そして、規定した懲戒事由に該当した場合に限り、懲戒処分を下せます。逆に、就業規則に記載のない理由で懲戒処分をした場合、裁判を起こされれば、**懲戒処分は無効と判断される**ことになります。

（2）他事案と比して処分が平等であること

同じ問題行動には同等の処分が下されなければならず、**懲戒処分が問題行動の内容と比較して重過ぎると無効**となってしまいます。

たとえば、従来は黙認していた問題行動に対して初めて懲戒処分を適用する場合は事前の充分な警告が必要ですし、**セクハラを理由に懲戒解雇となった裁判では、セクハラ自体は事実としながらも、懲戒解雇処分は重過ぎるとして無効となり、かつ解雇のために受け取ることができなかった給与の支払いを逆に会社側が命じられるという判決が出たことがあります。**

（3）適正な手続が踏まれていること

たとえ問題行動が確認されたとしても、**一方的に懲戒を出せるわけではなく、まず**

は本人にも弁明機会が与えられなければなりません。また一度の問題行動に対して出せる懲戒処分も一度のみであり、**複数回の処分をおこなうことはできません。**

これらの条件を守らないと、その懲戒処分は「権利の濫用」として無効となるばかりか、場合によっては**問題社員側から精神的苦痛を受けたとして慰謝料を請求されることにもなりかねません。**

問題社員のタイプ別対処方法を考える

問題社員の問題行動を指摘しても、口頭注意だけではなかなか改善しない場合があります。そこから「懲戒処分」へと移行する前に、まずは経過観察に至るまでの時点でどのような対処方法が提示できるか、問題行動別に例示しましょう。

(1) 規律を守れない・無視するタイプには「より面倒なルール」が効果的

「遅刻、早退や無断欠勤が多い」「営業で外出すると言いながら、実際はサボっている」「残業許可制にもかかわらず勝手に残業し、残業代を稼ごうとする」などの行動が見られる場合、どう対処すべきでしょうか。

遅刻や欠勤、残業などは記録がついているし、サボりも結果的に営業成績に反映するものなので、いずれも客観的なデータが確保できるはず。当該問題社員の上司や周囲の同僚の意見も先に聴取した上でそれらの証拠を提示し、なぜそのような行動に至ったのか、本人に原因を確認しましょう。

そして「規律を無視する行為は容赦できない」と認識させ、同様の問題行動を繰り返さないように約束させることが重要です。「ノーワーク・ノーペイの原則」に基づいて、無断欠勤や遅刻、早退をした時間分については、給与から差し引くことも必要です。

また、無断欠勤や遅刻が多い社員だけを対象に「より面倒なルール」を適用させ、簡単にルール違反をできなくさせる、という方法もあります。たとえば、通常ルールであれば「メールやＬＩＮＥでの遅刻連絡はＯＫ」だとしても、一定回数遅刻や欠勤が積み重なると「遅刻・欠勤が判明した時点で必ず上司に電話連絡＋具体的な理由を明記した届出書提出」などとします。それで改善すれば、通常ルール適用に戻す、という方法です。

（2）スケジュールが守れない人には、「朝夜メール」を導入

本人が申告したスケジュール通りに行動できないケースが頻発する場合は、**「朝夜メール」の導入が有効**です。これは問題社員のみならず、この機会に全社で導入してもよい効果的な管理手法です。

仕組みはいたってシンプルです。

内容は「**すべてのメンバーに、毎朝勤務開始前に、その日一日のスケジュールを15分単位で見積り、終業後、実際にどのように仕事を進めたのかを記録し、朝と夜にそれぞれ記録したものを、メールで送信してチームで共有する**」というもの。文字にすると大変そうに感じますが、慣れれば誰でも5分程度で完了します。

この「朝夜メール」のメリットは大きく2つあります。

第一に、**メンバー各自が自らの働き方を可視化する**ことで、ムダな時間に気づけるので、業務効率を改善できること。第二に、部署全体の「働き方」を集計・分析することで、部署が抱える潜在的な課題を明確にして、具体的な解決策を検討できる点です。

前者については、始業前に見積ったスケジュールと、実際の業務結果の差異を毎日振り返ることで、着実に働き方を改善できます。見積りよりも余計な時間を要しているタスクがあれば、「なぜこんなに時間がかかるのか」と気づき、改善できるきっかけとなります。

さらに、メンバーが互いの「朝夜メール」を見ることができるため、「早く効率的に仕事ができている人」や「成果を継続的に上げている人」の仕事の進め方から多くを学べたり、部署内で重複した仕事をしていることに気づけて効率化に繋がったりするなどのメリットもあります。

部署全体の「働き方」を集計・分析することで、部署が抱える潜在的な課題を明確にして、具体的な解決策を検討できるという後者については、一定期間の「朝夜メール」を集計・分析すれば、部署全体で「どんなタスクに時間を取られているか」が一目瞭然です。

たとえば社内会議の時間がやたら長いなら、重要度が低い会議は書面の回覧のみにするなど、効率化を進めるきっかけになります。

これらの取組によって、部署全体の生産性まで向上できれば一石二鳥です。

一方で、そこまで対処しても問題行動が改善しなければ、次の段階である人事的対処へと移行しましょう。

（3） 対人関係に難あるタイプには、「周囲の証言と記録」で対策を

「暴力を振るう」「暴言を吐く」「特定社員を無視する」「協調性がなく、他社員とトラブルを起こす」といったハラスメント行為や嫌がらせをおこなう問題社員にはどのように対処すべきでしょうか。

基本は他のタイプと同様、「いつ、どのような場面で、誰に対して、どのようなハラスメント行為があったのか」について、被害を受けた社員から事情聴取するとともに、その様子を目撃した周囲の社員からも証言を得ておきましょう。

実際になされた問題行動・言動の記録があれば確保しておき、できれば録音などをしておいて証拠を保持できることが望ましいです。

その上で、**まとめた情報をもとに問題社員本人に確認をとる。**このとき否認されたとしても、**証拠があればそれを提示して再度確認しましょう。問題社員がハラスメント行為を認めたら、「労働環境を悪化させる問題行動は容赦できない」旨を伝え、行動を改めるように言い含めるか、場合によっては、配置転換等で問題社員を別部署に異動させる**などの手段も検討しましょう。

管理職によるハラスメント行為の場合も、部下からの申告と併せて詳しい事情を聴き、原因を特定することになります。結果として管理職としての経験不足が原因なら、**研修を実施する**などして改善が見込めますが、そもそも管理職の適性がないのであれば、**降格または管理職から外す**必要があります。

（4）メンタルや体調面に不調を抱えるタイプには「就業規則」の整備が必要

体調不良やメンタル不調が発生すること自体は突発的なものもあるので致し方ないのですが、**「体調不良を理由に頻繁に遅刻する／休む」「メンタル不調を理由に頻繁にミスをする」「少々の叱責で体調不良を訴え、数日間出社しなかった」**など、慢性的に不調を訴えられたり、ごく一般的な注意や指導でも不調に繋げてしまわれたりすると仕事にならないケースもあります。このような場合はどう対処すべきでしょうか。**そもそも使用者は、社員の心身の健康に対する安全配慮義務を負っています**（労働契約法第5条）。

まずは問題社員の勤怠記録をもとに、**直接本人に対して具体的な問題を指摘し、医療機関の受診や産業医との面談などを勧めるべき**です。特にメンタル面の不調は本人が自覚しにくいケースもあるため、**会社側から受診を勧めることが重要**です。

その上で、治療や休養を要する診断結果だった場合は、その指示に従わせましょう。ここからは就業規則の出番です。病気休暇制度があれば、当初はそれを用いて病欠扱いとし、**手持ちの病気休暇や有休を使い果たしたら就業規則に基づいて休職命令を出せます。**

休職期間中も主治医や産業医との面談機会を設けて様子を把握し、規定の休職期間が満了した時点で、問題社員が復職可能な状態になったかどうかを判断しましょう。その際、心身状態が業務に耐えうると判断されたら職場復帰させ、回復できていないと判断すれば**就業規則に沿って「自然退職」扱いにする形で対応**しましょう。

（5）そもそも能力不足のタイプに対抗する上で、大切なのは「就業規則」

「採用応募時のアピールとは裏腹に、まったく仕事ができない」「至らない点を指摘されると『パワハラだ！』と騒ぎたてる」「要領が悪く、仕事をこなすのに人一倍時間を要し、本来不要な残業をせざるを得ない」といった、自身の能力不足が原因で業務が滞ったり、周囲に迷惑をかけたりする社員にはどのように対処すべきでしょうか。

他のケースと同じく、まずは当該社員が周囲と比していかほど能力面で劣後しているのか、**同程度の年齢や社歴の同僚社員の業績や、本人が期初に申告した目標と比較して瞭然となるような証拠記録を確保**しておきます。

その上で本人と面談して、**現状が期待値に至っていない旨**を認識させねばなりません。

本人が能力不足を自覚し、**改善の意思が見られるなら、指導や研修機会を提供して必要な能力やスキルを習得させ、その後の変化を確認**しましょう。

それで改善できれば問題ないのですが、もし能力が向上しなかったり、姿勢に変化が見られなかったりする場合は、**別部署への配置転換なども検討**しなければなりません。

時々あるのが、特定の能力やスキル、資格等を保持していることを前提に採用されていながら、入社後に当該能力やスキル、資格がなかったことが明らかになった場合です。その際は、**「合否に影響する経歴詐称」という形になり、その時点で「懲戒解雇」が有効**となる可能性もあります。

しかし、就業規則がなかったり、**「経歴詐称は懲戒解雇」との定めがなかったりした場合には当然ながら懲戒処分ができません。**就業規則の規程を事前に用意しておくことが、いかに重要かおわかり頂けるでしょうか。

「退職勧奨」はどうやっておこなうべき？

さて、ここまで様々な問題社員のタイプをご紹介してきました。問題行動に対して改善の機会を与え、懲戒処分もおこなった結果、改善に至れば御の字ですが、中にはそこまで手を尽くしても解決に至らない真の問題社員がいます。そういった場合、最終的には**「問題社員に会社を去ってもらう」という選択肢になる**でしょう。

ただし、「解雇」となるとその有効性について判断が難しく、裁判になると会社側が負ける場合が多いのですが、**そんな際に有効な手段こそ「退職勧奨」**です。文字通り、**従業員を退職に向けて説得し、相手の同意を得て退職させること。**解雇と比べると、従業員の同意を得ている点でトラブルになりにくく、リスクも低いというメリットがあります。

よく**「外資系企業ではクビになりやすい」**と言われますが、この場合の「クビ」とは、**厳密には「解雇」ではなく、「強力な退職勧奨を実施する」ことを指すケースが多い**のです。

イメージとしては、問題社員に「辞めろ！」と迫るのではなく、**「今辞めると、これだけのメリットがあるよ」**といった形で個別交渉をおこない、**自主的な退職を促す**形です。退職勧奨は会社からの一方的な処分ではなく、本人の合意があって初めて成立するものなので、違法性はありません。

しかも解雇の場合は**「被解雇者選定の合理性」**をとやかく言われがちですが、退職勧奨の場合は**「適正に下された低評価」**をもとにおこなわれるので合法です。

したがって、もともとしかるべき評価制度が設けられていて、その結果として**「あなたは業績／態度が悪いから、勧奨の対象になっているのだ」と告げるのは違法ではない**、ということ。実際、これまで退職勧奨について争われた裁判においても、退職勧奨の進め方（執拗《しつよう》な要求、脅迫的な言動）が問題視されても、問題がある従業員に対して会社が退職勧奨・退職勧告をおこなうこと自体はなんら違法ではない、との判断になっています。

（1）退職勧奨をおこなう際は、まずは「情報収集」が大事！

実際、問題社員を前にどのような形で退職勧奨をおこなえばよいのか。事前準備も含め、進め方を具体的に説明していきましょう。

まず大事なのは、**退職勧奨したい問題社員の身辺について細かく情報収集するとともに、情報共有しておくこと**です。

人事資料を参照することはもちろん、直属上司や同僚社員、部下などにもヒアリングし、退職勧奨したい社員についてあらかじめ調査しておくことで、その後の交渉をスムーズに進めることができます。

具体的には「家族構成」「配偶者は働いているか否か」「子供の有無と年齢」「持ち家か賃貸か」「住宅ローンの残高」「要介護の親族の有無」「職場での評価」「これまでの人事評価資料」「懲罰実績」など、可能な限りの情報を集め、資料としてまとめておきましょう。

これらの情報の存在によって面談時の主導権を握ることができる上、仮に**対象社員が反論してきたとしても、具体的な根拠を挙げて説得できるというメリット**があります。

同時に、その社員に対して退職勧奨をする方針である旨を関係者間で共有し、理解を求めておきましょう。会社一丸となって対応することにより、退職勧奨が経営者個人の意向ではなく、会社としての総意であることを問題社員に対して示すことができます。

（2）あらかじめ「退職パッケージ」（早期退職優遇制度）を用意しておく

単に退職を要求するだけでは受け容れられることが困難でも、相応の補償を用意しておくことで交渉がスムーズに進む傾向があります。

具体的には、**通常の退職金に加えて「特別退職金」や「慰労金」という名目で、追加で支払う退職金（勤続年数×1ヵ月分の給与、最低でも半年分保証、など）、「有給休暇買取」「指定退職日から半年間は在籍扱いされる権利」「再就職支援サービスの紹介」**などが挙げられます。

これらの支援が多ければ多いほど、仮に裁判に至ってしまったとしても、当該退職が「労働者の自由な意思に基づいてなされたもの」と判断されやすくなります。

（3）面談当日は、異性のメンバーを1名同席させる

一対一の面談では、後々「言った／言わない」のトラブルや、ハラスメント的な発言や行動が「あった／なかった」の争いになるリスクがあります。

また相手側の感情的・衝動的な行動を抑制させるためにも、**面談の場に第三者が存在することの効用は大きいです。**同席メンバーは特に発言する必要もなく、様子を観察しているだけで結構です。第三者の目があることで、**「あまりみっともない行動はできない」という意識が生まれ、余計なトラブルを防止**することができます。

（4）絶対に「クビ」「解雇」の言葉は使わない。あくまで社員本人の意思で退職する前提を通す

退職勧奨の目的は**「問題社員が自主的に、自己都合退職すること」**であり、間違っても**「問題社員を会社都合でクビにすること」**ではありません。

面談の場で一言でも「クビ」の2文字を出してしまうと、これまでの周到な準備がすべて水の泡となってしまうので注意しましょう。

具体的なスタンスとしては**「あなたの問題行動については都度指摘・対応してきたが、残念ながら改善が見られなかった」「残念ながら当社内であなたにお任せできる仕事がない」「社外でチャンスを探してみてはどうか」**との前提に立ち、業績や態度が芳しくないという事実に気づかせ、**本人から「辞めます」との言葉が出るまで多角的に刺激を与える**イメージで進めていくべきです。

ここまでの周到な準備をおこなった上で面談に臨めば、問題社員が打ち出してくる様々な「辞めない理由」を即座に打ち返すことができます。あとは、このような形で面談を進めていけばよいでしょう。

（1）資料を揃え、対象社員を会議室など個室に呼び出す

事前準備段階で用意していた、問題社員にまつわるヒアリング情報やこれまでの人事評価資料、懲罰実績などをまとめた資料をあらかじめ揃えておき、対象社員を個室に呼びましょう。衆人環視の状況ではハラスメントとなるリスクがあるため、静かに話ができる会議室などが望ましいです。

（2）対象社員に退職を求めたいという意向を伝える

結論として「退職してほしい」という趣旨の話をするのですが、いきなり退職の話を切り出してしまうと収拾がつかなくなるリスクもあります。

したがって、多少回りくどくはなるものの、「対象社員の問題行動に対して再三の指導をしても改まらなかったため、会社としては残念だが退職を勧める」という形をとると自然になります。具体的には以下のような流れです。

（例）
「あなたには多くの問題行動が見られました」（問題の提起）
←
「これまで再三にわたって指導し、改善を求めてきました」（こちらの状況説明）
←
「しかし、残念ながら改善はなされませんでした」（それに対する社員の対応）
←
「あなたと当社は合っていない（ミスマッチ）のではないかと考えます」
←
「社外で、もっと合う仕事を見つけたほうが良いのではないでしょうか」
←
「会社として、あなたに退職してもらいたいと考えているので、合意して頂きたいです」

（3）退職勧奨の具体的な進め方とは

退職勧奨については、問題行動について詳細に例示し、会社としてもそのたびに指導や注意をおこないつつ、何度も改善のチャンスを提供してきたこと、しかし問題が改善されなかったことを冷静に伝える必要があります。

注意点として、退職勧奨の場では本人を非難したり批判したりするのではなく、あくまで**「本人と会社、および業務内容がフィットしていなかった」「『ミスマッチ』であるから今後のキャリアを考えてみてはどうか」**というスタンスで話すことがポイントです。

今すぐにでも去ってほしい問題社員相手だとしても、退職勧奨を受け容れるか否かの回答を面談の場ですぐに求めることは、あまりよい印象が残らないので避けるべきです。

対象社員に家族がいる場合は相談も必要であるため、会社側から退職を求める意向を伝えた後は、改めて面談日程を設定し、それまでに回答するよう促せばよいでしょう。

〈切り出し方〉

「これまで○○さんの勤務態度／業績については、上司の◇◇さんから何度も指導がなされ、改善するようにお願いをしてきました」

〈問題行動の例示〉

「●年◆月に顧客対応でトラブルになった際は、△△というお話をしましたが、その後も同様のトラブルがあったため、◇月に注意指導書が交付されています」

「●年◆月に▼▼さんとのやりとりでトラブルになった際は、●●という形でお願いしましたが、その後△▼さんと同様のトラブルが起きたため、◇月に警告書が交付されています」

「これまで○○さんには■回の指導記録があり、□回の注意指導と◆回の警告がなされ、そのたびに改善をお願いしてきました。しかし今般、また同様の問題を起こされました」

〈雇用継続努力の説明〉

「会社としては極力、○○さんに対して拙速な処分はおこなわず、『改善する』との言葉を信じて機会を提供してきました」

「○○さんのご意向を尊重し、顧客との接点がない●○部への異動も実施し、業務内容を変えて臨んで頂きましたが、残念ながらそれでもトラブルが起きてしまいました」

「○○さんには教育研修機会／猶予期間を設定し、その後の改善の様子を拝見していましたが、残念ながら改善が見られず、◆ヵ月にわたって業績が回復することはありませんでした」

〈退職を勧奨する〉

「○○さんについてどう処遇すべきか、他にお任せできる仕事がないか、等について社内で何度も話し合いました」

「結果として、現時点で○○さんにはこの会社でお任せできる仕事がないという結論になりました」

「私たちは、○○さんにはこの会社や仕事が合っていないと考えています。そのため会社としては、○○さんに退職して頂き、社外での機会を得て頂きたいと考えています」

〈用意できれば〉メリットとなる条件を提示する〉

「今回退職を決意頂ければ、●ヵ月分の割増退職金をお支払いする用意があります」
「○○さんには退職届をご提出頂きますが、離職票では『会社都合退職』扱いとすることで、雇用保険を最短でも90日間、最長で330日間受給することが可能になります」
「自主退職に合意頂ければ、本来であれば『懲戒解雇処分相当』であったところを『自己都合退職』として、懲戒なしの扱いとし、離職票にもそのように明記することとします」

〈回答の期限を伝え、検討を促す〉

「もちろん、すぐに返答を求めているわけではありません。ご家族にも相談しなければならないでしょう。来週の●日にまた面談を設定しますので、それまでにお考えになってください」

なお、退職に応じない様子を見せたとしても、決して「自主退職に応じないなら解雇だ」などとペナルティをちらつかせるべきではありません。

会社として「なぜあなたに退職してほしいと考えているのか」といった理由や、「今自主退職を決意することで享受できるメリット」について説明することに重点を置くとよいでしょう。

（4）退職届を提出させる

問題社員が退職勧奨を受け容れる意向を示した場合は、具体的な退社日や金銭面の処遇を決めましょう。

条件がまとまった際は必ず、対象社員側から退職届を提出させなければなりません。これは、当該社員が退職勧奨に応じて退職を承諾したこと（＝解雇ではないこと）を示す重要な書類であるため、絶対に忘れてはいけない要点です。

ここまで綿密に仕組みを用意して布石を打った上で退職勧奨をおこなえば、仮に裁判に持ち込まれたとしても恐れることはありません。

第7章

すべての成果を台無しにする、企業の炎上リスク

事業崩壊を招く可能性も？　他人事《ひとごと》ではないネット炎上

いかに企業が頑張って実績や信頼を積み重ねてきても、上司が部下へのやる気を引き出したとしても、時には一瞬で崩壊し、経営に悪影響を与えることもあります。近年、その起因となりがちなのが、ネット上で起こる「炎上」です。

最終章となる本章では、現代の必須スキルとなり得る「炎上」対策について触れていきます。

「炎上」とは、主にインターネット上に投稿された情報に対して、多くの批判・中傷等のネガティブな意見が殺到し、爆発的に拡散していく状態のことです。

英語圏でも同様の事象は「Flame War」や「Flaming」などと呼ばれ、炎が燃える様子を表す単語が用いられている点が共通しています。

ちなみに、同じく多数の意見が集まる状況であっても、好意的な意見が多数を占める場合は炎上とは言わず、「バズる」というポジティブな表現が用いられることが多いです。

これは、蜂がブンブン飛び回る様子を表す英単語「buzz」に由来し、ある話題に急に注目が集まり、多くの人が騒いでいる状況のこと。

「炎上」はその対義語であり、怒りや不愉快など、もっぱら否定的な反応が多数を占める場合に用いられます。

「炎上」は2000年代半ば頃から社会問題化するようになりました。

昨今はコンプライアンス意識や権利意識の向上に伴い、以前はとりたててとがめられることもなかったような失言が大きくクローズアップされ、発言者が謝罪に追い込まれるケースも増えています。

さらには、時代背景も異なる数十年前の発言を発掘して蒸し返し、現代の基準を当てはめて非難し、引責を迫るようなケースも目にするようになりました。

もしかしたら、現在ほどネットが発達しておらず、世間一般のコンプライアンスにまつわる意識も高くない時代であれば、人の話題にのぼるどころか、世に出ることさえなかった発言もあったでしょう。

しかし、今や、企業や個人の言動は多くの目に晒されています。少しでも違法性があり、モラル意識に欠けるような問題行動や不祥事は瞬く間に多数の人が知るところとなります。初動対応や危機管理広報の杜撰《ずさん》さによって不手際がさらに広く拡散し、批判が広がり、組織の命運さえ左右する結果となるかもしれません。

炎上と、それに続いて殺到する批判により、普段崇高な理念を掲げている組織であればあるほど、ポジティブイメージは一瞬で瓦解し、不名誉な評判と記憶を残し、場合によっては組織が崩壊し、不用意な発言をした者には莫大《ばくだい》な損害賠償が請求される事態となるでしょう。

ひとたび炎上すると、一生ついて回る「悪評」

2013年夏、突如として全国で多発した「バカッター事件」をご存じでしょうか。別名「バイトテロ事件」。アルバイト店員がふざけて店の冷蔵庫に入ったり、厨房《ちゅうぼう》で不衛生な振舞いをしたりした写真をSNSに投稿し、批判が集中し炎上した事件、といえば思い出して頂けるかもしれません。

「バイトテロ」との文脈で最初に報道されたのはローソンで、それ以来、ミニストップ、バーガーキング、ほっともっと、丸源ラーメン、ブロンコビリーなどで相次いで発覚。運営会社側は謝罪し、営業休止や消毒対応などに追われました。また問題を起こしたアルバイト本人たちも、名前や所属先が暴かれて過去の行為とともに晒され、解雇や退学処分となるなど波紋を広げました。

その事件を面白おかしく眺めていた方もいたかもしれません。でもそれは、あくまでそれが他人事であったからに過ぎません。

もし同様の事態が、自身の経営する店や会社で起こってしまったら……と考えるといたたまれないはずです。

以前のように、新聞や週刊誌、テレビだけでの報道であればまだ救いようはありました。その瞬間の露出だけで済むか、遅くとも1ヵ月後くらいには店頭から消えて翌月版と入れ替わるため、広く一般の記憶にとどまることはまずなかったからです。

しかし、**同様の事件がインターネット上で炎上し、報道されてしまうとそうはいきません。**

不名誉な記事だとしていくら削除要請を出そうが、既に写真や記事は別の誰かがコピーして保管しており、誰かが消しても別のどこかでゾンビのように復活してしまう。あなたの店名、会社名はネット上を駆け巡り、半永久的にその名を残し続けることになります。

気になった人が、あなたの店名や会社名に「炎上」「事件」「騒動」などというキーワードを加えて検索すれば、それがまたデータベースとして残り、いつまでも検索サ

イトの「関連キーワード」欄に「ブラック」「噂」といった怪しげな単語が載り続けることになってしまいかねないのです。

一度「炎上で世の中を騒がせてしまった不届きな会社」とのレッテルを貼られてしまうと、名誉回復はなかなかの困難な道になります。

あなたの店や会社を初めて知った人であっても、そのレッテルと過去の炎上報道を目にした後はネガティブな先入観を抱く可能性もあるでしょう。

実際、過去炎上騒動に巻き込まれた店や企業では、次のような実害が出ています。

（1）取引先からの信用失墜
（2）顧客離れ、業績悪化
（3）人員採用苦戦、親の反対
（4）従業員の定着率低下、離職率増加
（5）「アンチ」の発生と継続的妨害行為、再度炎上リスク
（6）根ざして営業している地域全体から「応援されない会社」に
（7）倒産・廃業

他社のネガティブキャンペーンや、大学が作成するブラック企業リスト

自社が単体として忌避されるならば、まだ自己責任の範囲と諦められるかもしれません。ですが、炎上によってマイナスイメージの風評が広がると、**ライバル企業等からいわゆる「ネガティブキャンペーン」を仕掛けられてしまうリスク**も出てきます。

実際、過去には、労務トラブルを起こして「ブラック企業」との噂が広まった会社が、競合企業の顧客勧誘において「**あそこ（炎上企業）はブラックだから、ウチに任せたほうがいいですよ**」といった形でネガティブな引き合い例に出されて説得がおこなわれた事例があります。

また**一部の大学においては、「ブラック企業」と目される企業を実名でリスト化して共有**し、就活生に注意を促したり、そもそもブラックとされる業界や企業からの求人募集を受け付けなかったり、というところさえありました。

もともとその会社や仕事に思い入れをもって入ってきた人であれば動じることがなくとも、単に稼ぐための手段として仕事をしている人や、会社の知名度やブランドをやりがいや自己肯定の一因として捉えている人にとっては、「炎上をやらかしたモラ

ルのない会社の社員である」という事実自体が受け入れられないケースもあります。

そのようなタイプの人は、炎上を契機に会社を辞めてしまったり、炎上を起こした会社から二度と商品やサービスを購入しなかったり、という選択をすることも考えられます。

このように、**ファンだった人や、熱心なユーザーになり得た人を失ってしまうのも炎上リスクのひとつ**です。

また、会社を支持していた人であればあるほど、炎上に至るような不祥事を「**信頼していたのに裏切られた**」と感じ、**その反動がネガティブに作用して、「アンチ」に変貌**してしまう可能性もあります。

彼ら・彼女らは、**ネット上で企業が情報発信するたびに、それを否定するような言葉を投げかけたり、自分からも企業批判を繰り返したりする**こともあります。

そして、そのような投稿を目にした人が対象企業に不信感やネガティブな印象を持ち、アンチの批判がさらなる炎上に繋がるのです。

日々入れ替わる不特定多数の顧客を相手にしていれば、そのうち一部でネガティブな情報が流布しても、全体の業績への影響は微々たるものかもしれません。

しかし、**地方などで商圏もコミュニティも近しく、かつ小規模な企業ならばその影響は計り知れません。**

何しろ、仕入れも販売も、顧客も従業員もその家族までもが同じコミュニティに属しています。**ひとたびネガティブな噂が広がってしまえば、客足が途絶え、取引業者は去り、人は集まらず、商売は一挙に収縮してしまうでしょう。**

ネット炎上によってネガティブな印象を持たれた末に、「周囲から応援されなくなる」というのは、企業にとって、思ったよりも致命的なのです。

炎上の半数以上が、発生から24時間以内に放送・記事化される

総務省の令和元年版「情報通信白書」によると、日本国内での炎上発生件数はモバイルとSNSが普及し始めた**2011年を境に急激に増加**しており、個人・企業問わず炎上の対象となっています。

当該白書中のグラフデータは2015年までの数値しか掲載されていませんが、ネット炎上対策を手がける「シエンプレ株式会社」が毎年発行している「デジタル・ク

ライシス白書2022」によると、2021年に発生した炎上事案は1766件であり、前年（1415件）に比べて24・8％の増加です。

なお、2022年の炎上発生件数は1570件と、前年比11・1％の減少となっていますが、炎上後にその事案が放送・記事化される速度は「24時間未満」が59・0％となり、2021年の47・3％から大幅に増加したことが明らかになっています。

つまり、炎上対応において、スピードは重要な要素になっていると言えます。

この数字からも明らかなように、現代は「簡単に炎上しやすい時代」と言えます。正当な批判のみならず、誤解や嫉妬、極端な正義感、単なる言いがかりなど、様々なきっかけで炎上は発生し、残念ながら完全に防ぐことは難しいのです。

SNSを使用する上で大切な「ガイドライン」を設定しよう

皆さんは、「炎上マーケティング」という言葉をご存じでしょうか。

これまで誰からも知られていなかったような会社や人物であっても、炎上してしまうことで一気に知名度が上がり、多額の費用をかけることなく、多くの人から認知さ

れ、注目されるようになる効果を狙ったものです。
炎上によって広がるのは「評判」というより「悪評」なので、決して望ましい手法ではないのですが、そこまでして周知を得たい人もいるものなのです。

逆にいえば、**いったん炎上してしまうと、「気づいた頃には手遅れ」**ということ。元の発言や投稿は既に耳目を集めており、投稿者がすぐに削除したとしても、既に誰かがテキストや画像、映像を保存してしまっています。

さらに、**「消したということは、何かやましいことがあるんだ！」**とばかりに不特定多数の再投稿が繰り返され、**削除前より却って増えてしまう**などということが起きます。

この現象のことを指す**「ケストフエール（消すと増える）の法則」**というネットスラングも存在するほどです。

ただし、炎上には**「防げない炎上」**がある一方で、「防げる炎上」もあります。
自社商品やサービスの明らかな欠陥、SNS外で発生した自社の不祥事、デマやフェイクニュース等を起因とした憶測や誤解にまつわるものは「防げない炎上」ですが、それら以外のＳＮＳにおける不謹慎な投稿によるものや誤爆、従業員の不適切な行動・言動にまつわる炎上は、予防次第で充分に「防げる炎上」といえます。

究極的な予防方法は「組織もその構成員も、公私にわたってＳＮＳを一切使用しない」ことですが、さすがに現実的ではありません。

また、規則でＮＧ事項を多数設定してがんじがらめにした結果、ＳＮＳ利用がまったく楽しいものではなくなるのもまた本末転倒です。

そうではなく、「組織としてソーシャルメディアをどのように活用していくのか」という姿勢を明確にした上で、「トラブルの予防策と、発生時の対応体制やフローを整え、ＳＮＳを正しく活用する」ことができれば理想です。

そのために必要なステップは、「組織と従業員がＳＮＳを活用する際の姿勢や心構え、注意点等をまとめたソーシャルメディア利用ポリシー／ガイドラインを策定すること」「ガイドラインを具体的なルールに落とし込み、メンバー全員に啓発すること」「ガイドラインと組織ルールを連携させ、着実に運用すること」です。

そんな炎上発生時における、基本的な心構えを解説していきましょう。細かく述べると多数の事項にわたりますが、まずはシンプルに要素を3点のみ挙げておきます。

1：落ち着いて現状把握
2：迅速対応（ただし拙速は避ける）
3：積極的な情報開示

炎上は当事者のあずかり知らないところで進行するものなので、**「発覚時には既にネガティブな情報が回収不可能な状況まで拡散している」**前提で「**一刻も早く対応しないと、企業の存続危機にもなり得る非常事態である**」との覚悟で迅速に事態収拾にあたることが求められます。

ただし、**迅速対応が必須である一方、「拙速」を避けなければならない**のがややこしいところです。

これまでも、状況把握が不充分で、慌てておこなった対応が「その場しのぎ」「取り繕い」などと、却って批判を呼ぶ結果に至ったことは多々あります。

具体的にはこのようなものです。

・組織として公式に対応する前に、炎上原因となった投稿を、なんの説明もなく削除してしまった
・原因究明を実施する前に、『自社には責任はない。我々はむしろ被害者である』といった主旨の発表をしてしまった
・疑義や批判を受けて謝罪表明を公開する際、自社Ｗｅｂサイト上ではなく、外部のテキスト作成ツールやＰＤＦ資料を使った（それによって炎上事案にまつわるキーワードで検索しても発見されづらくなるため、隠蔽の意図が疑われた）
・謝罪文においても、自社の違法性が疑われる行為について明確に言及せず、「不適切な表現」といった記述にとどまっていた
・組織の正式な広報窓口からの公式発表がなされる前に、経営者や関係者、従業員などがそれぞれ勝手に私見をコメントとして公開した

実際に過去、炎上時に発生したこれらの対応は、混乱の渦中では致し方なかったのかもしれませんが、結果として「ネガティブな情報をあえて見つけにくくして、隠蔽工作しようとしているのでは？」「批判が自然に収まるのを待って、フェイドアウトを狙っているのでは？」「社内が混乱していて統制がとれていない。実は未熟な組織

なのでは？」と、むしろ疑念が拡大してしまいました。

それゆえ、本来なら「局所的な騒ぎ」で済んでいたものが、「全国規模の炎上」へと発展し、結果的に深手を負ったのです。

自社に対する批判が起こっても「即炎上」とは限らない

ただ、仮に「自社が炎上している」と聞いても、即座にうろたえる必要はありません。

まずは「今、発生しているのはそもそも炎上なのか？」「自分たちに非はあるのか？」と、冷静かつ正確に把握するところから始めましょう。

事実確認をおろそかにしたまま、批判におびえて場当たり的な対応をすることが最も炎上を加速させる危険な行為であることを認識しておきましょう。

仮に、ネット上で多くの人があなたの会社や商材について話題にしていて、その中に思いがけなく批判的意見が多かったとしても、それが即「炎上」とは限りません。

世の中のどんなに支持されているブランドにもアンチは存在し、批判の声自体は必ずあるものです。まずは、**その批判的な意見が、自分たちにとって有害かどうか見極めるところから始めましょう。**

SNSなどのソーシャルメディアに限らず、そもそもインターネット上においては、**似たような属性（所属や趣味、政治信条など）や共通点を持った者同士が相互に繋がって集団を形成しています。**

これは**「クラスタ」**と呼ばれますが、たとえばX（旧Twitter）のあるクラスタ内で話題になっている事象であっても、**別のクラスタに属する人はその話題をまったく知らない、などということはごく一般的です。**

Xの1つの投稿が、1万件以上リツイート（共有）もしくは「いいね」されることを「万バズ」といい、当該情報が大いに注目を浴びている状態の証左となります。ただ、**Xのユーザー数は日本全国に約4500万人**もいます。

仮に「万バズ」したところで、その情報が届き、**積極的に反応している人は全体のわずか0・0002%に過ぎません。**

SNS上で盛り上がっているように見えても、それはあくまで**「クラスタ内」だけの話**であることがほとんどで、**その話題を全然知らない人のほうが大多数**なのです。

一見、批判意見が多いように見えても、それがまったく筋違いだったり、直接的な顧客層とは無関係のクラスタ内でとどまっていたりする限りは、特段深刻な問題ではないと考えてもいいでしょう。

批判意見を問題視すべきなのは、批判している主体が**「自社にとって主たる顧客層」である場合**と、**明らかに自社に非がある批判意見が、特定のクラスタに留まらず、不特定多数の目に触れてしまっている場合**です。

これらはすなわち「ネガティブな口コミ」となり、自社商材の選定や購買判断にあたり、マイナスの影響をもたらします。

その上で、確認すべきは次のような点です。

〈現状確認〉

・どのような批判意見が拡散されているのか
・何が批判の原因か
・批判されている内容は事実か
・誤解や筋違いの妥当性がない意見だとすれば、事実は何か
・批判意見が特定クラスタにとどまらず、不特定多数の目に触れているか

・原因が自社発信の情報にあった場合、それはいつ、誰が、どこで（どの媒体で）、どんな言動／行動をしたのか
・批判対象となっている自社発信情報の内容は事実か
・そもそも、発信者はなぜそのような言動／行動をしたのか
・発信者本人は、当該時点でどのような対応をとっているのか
・情報拡散によって、個人や会社への批判、誹謗《ひぼう》中傷、電凸など、実被害が発生していないか
・発信情報や発信者の言動／行動に、法令や内規、社会的規範から逸脱したところはないか

まずは、**批判意見に対して事実確認を早期におこなうこと**が重要です。

できれば少数精鋭の調査チームを組成し、権限を与えて迅速に確認を進めるべきです。事実を正確に確認せぬまま、批判拡大を恐れて場当たり的な判断を下すことは非常に危険です。併せて、**ネット上での論調を把握し、理解しましょう。**

ユーザーが**何に対して批判しているのか**理解できなければ、その後の対応も適切におこなうことができません。それどころか、逆に「本質がわかっていない」とさらな

る批判に繋がる可能性もあるでしょう。

最初に話題となったＳＮＳのクラスタを超えて批判意見が拡散し、不特定多数の目にとまり、多くのネットユーザーから批判的な意見が集中的に寄せられ、自社がターゲットとする顧客層からの批判にまで至ったら、残念ながらそれは「炎上」です。

これら事実確認と論調の把握ができ、判断材料が揃った段階で、今後の対応方針を策定し、対応内容を早急に検討することになります。

危機管理の対応方針における4つのポイント

炎上時における対応は、いわば「危機管理広報活動」です。

普段の前向きな広報とは異なる面が多々ある上、人は短期的にメリットのありそうな選択をついしてしまうものです。

しかし、不用意な対応によって却って批判が高まり、そちらに対応のリソースを割かれ、本来の問題解決に悪影響を及ぼしてはどうしようもありません。

広報担当者が冷静に判断して経営者に具申できればよいのですが、なかなか難しいもの。そんなときに立ち返って確認しておきたい、危機管理広報の対応指針を4つ挙げておきます。

1.「謝罪」から入る

きっかけや内容がいかにあなたにとって不本意なものであっても、「炎上」状態にあるということは、**「不快に感じた人が一定割合存在する」**ことに他なりません。

一刻も早く釈明や反論をしたいところですが、その前にまずは**「世の中をお騒がせしたことについて謝罪」**することが基本です。

「謝罪だなんて！　自分たちは炎上による罵詈《ばり》雑言の被害者なのに!!」と思われるお気持ちは重々わかりますが、**「謝罪すること」は「法的な責任を認めること」とイコールではないので、身構える必要はありません。**

まずは炎上について、「不適切な点があったと重く捉えており、真摯に対応していく」との姿勢を示すことが重要です。そうすれば批判者側も、「その後の釈明を聞こう」とのスタンスになります。

2. すべての判断基準は「組織外」に置く

危機管理広報の**落とし穴となるキーワード**があります。それは**「この業界では当たり前」**という一言です。

組織内の不祥事やトラブル、失言が公になった際などに、トップや担当者が「業界の常識」を持ち込んで判断し、対応に妥協や詰めの甘さが生じることはよくあります。関係者の**「今まで誰も何も言わなかったのに、何を今さら文句を言われないといけないのだ」**といった本音は、決して口をついて出ることはないでしょうが、雰囲気はそれとなく感じとれてしまうもの。それでは事態が収束するどころか、炎上がさらに拡大してしまうことにもなりかねません。

「社内的には問題ない」「この業界ならどこでもやっている」「今までずっとこのやり方でやってきた」といった言い訳は通用しません。

「業界の常識」とか「暗黙の了解」といったものから極力距離を置き、これまでの経緯などをまったく知らない一般の人がネガティブな情報を目にしたらどういった印象を持つか、イメージすることが重要です。

炎上が進展してからでも、都度ネットを検索すれば「世間の声」はいくらでも拾うことができます。そこから、**「世間はどんな点に注目しているのか」「何が問題視されているのか」**といったポイントがわかるはず。

その論点と向き合って対応していく必要があります。危機管理広報の判断基準を、社内や業界内に置いてはいけません。

3.事実をフルオープンにする

自分たちに都合が良かろうが悪かろうが、**把握できている情報はすべて、主観的判断は差し挟まずフルオープンにすることが基本**です。

情報の出し惜しみは新たな疑惑を生み、後で発覚したときに「隠蔽していたのでは?」などと余計な勘ぐりに繋がり、騒ぎも大きくなってしまいます。必要な情報か否か、判断するのはこの場合あくまで受け手側です。

4.「組織の問題」として責任を負う姿勢を示す

発端が自組織の不祥事や失言にあるとしても、暴言レベルの批判を浴び続ければ、感情的な反発もしてしまいたくなるものです。

ましてや、その原因が自組織の従業員による不手際であれば、「従業員が軽率だった」などと釈明して済ませたくなるかもしれません。

しかし、それでは「他人事」「責任逃れ」と捉えられ、炎上が加速するリスクがあ

ります。あくまで、騒動を引き起こし、世の中を騒がせてしまった自組織の問題として、**組織ぐるみで対応する姿勢**を示すべきなのです。

炎上を釈明する際に、絶対に使ってはいけない3つのキーワード

その他にも、責任逃れだと捉えられるリスクのある表現として次のようなものが存在します。いずれもつい使いがちですが、炎上に油を注ぐ結果になりかねず、くれぐれもご法度として認識しておきましょう。

フレーズ1：「不快な気持ちを抱かせたなら」

既に炎上している時点で、不快な思いを抱いている人は一定割合存在しているため、他人事のように聞こえ、逆効果です。

フレーズ2：「遺憾である」

誤解している人が多いのですが、「遺憾」とは「期待通りにならず不満だ」という

意味であり、謝罪の場面で用いる言葉ではありません。こちらも、用語のチョイスでさらに批判が強まる展開になりかねません。

フレーズ3：「誤解を招いてしまった」

「誤解されている」と感じているのはあくまで自分たち側であり、あまりに主観的な言葉です。

批判している側は当然ながら「自分たちが誤解している」とは思っていません。すなわち、相手に対して「それは誤解です」と述べるのは、「あなたは間違っている」と言っているのと同じ。誰しも、間違っていると言われれば気分は良くないし、特に炎上時点であなたの組織への信頼度が高い人であればあるほど、「信用していたのに、誤解だと言われた」と反発が大きくなる可能性が高いです。

部下指導に迷ったら「良きフォロワーとなり、上司を出世させよ」と伝えよう

自分自身がプレイヤーとして成果を挙げることと、リーダーとしてメンバーを鼓舞し、指導・育成して彼らのスキルアップを促すことと、マネジャーとして人的・物的リソースを管理し、組織のパフォーマンスを最大化させること。

それぞれ求められる役割も、適性もまったく異なるはずなのに、組織においてはそれら全てを求められ、要求に応えられなければ昇格も昇給もおぼつかない。「とてもじゃないけどやってられない！」といった思いを抱いている方も多いことでしょう。本書が多少なりともお役に立てたのであれば嬉しい限りです。

マネジャー以降の世界では、単に「優秀なプレイヤー」というだけでは務まらず、新たな能力が求められ、かつ評価されるものです。先に進めるのは、もともとマネジャーの資質を持ち合わせている人物か、プレイヤーの時点からその能力と評価基準に

気づき、日々の言動や行動に意識的に反映させ「マネジャー以降」に備えている人だけ。

本書の最後に私がお伝えしたいのは、マネジャーとしての資質に疑問を持ち、自信を失いつつある方と、部下指導の方法に迷っている方に向けた冒頭のメッセージです。ここでいうフォロワーとはSNSの購読者のことではなく、「職場において、上位者や周囲のメンバーの補佐をする人」という意味であり、「リーダーシップ」と対比して語られる「フォロワーシップ」に関するものです。

そもそも「フォロワーシップ」とは、「チームの成果を最大化させるために、自律的かつ主体的に、上位者や周囲のメンバーに働きかけ、サポートすること」を意味します。

ちなみに「リーダーシップ」においても、「目標達成のために、チーム全体や個々のメンバーに対して働きかける」という点については共通しています。

しかし、リーダーシップは日本語で「指導力」「統率力」などと表現されるように、「目標達成のためのビジョンを示す」「周囲に働きかけたり、巻き込んだり、盛り上げたりして行動を促す」というニュアンスが強いもの。同時に「強い積極性や熱意が必要」

というイメージもあるため、「自分はそんな器じゃない……」とプレッシャーを感じたり、気後れしたりしてしまう人も多いことでしょう。

「ビジネスパーソンは皆リーダーシップを持つべきだ！」とは正論ではあるものの、やはり適性もあるし、上述のような先入観から、メンバー全員にリーダーシップを期待したり強制したりすることは現実的になかなか難しいところです。

しかし、リーダーを支えながら協働する「フォロワーシップ」という形であれば、誰でも発揮しやすく、リーダーシップとの相乗効果によって、チームワークを強化することができやすいのです。

お恥ずかしい話ですが、私自身の若かりし頃、このフォロワーシップが身についていなかったせいで、マネジメントになり損ねた経験があります。それは某社で営業チームをまとめていた、リーダー時代のことでした。

当該シーズンは全社的に目標達成が厳しい状況でしたが、私自身は毎日終電帰り、時には終電を過ぎるまで残業し、部下にも強くハッパをかけ、なんとか「自分自身」「部下」「チーム」、すべての目標数字を達成させることができたのでした。苦しい四半期を過ごしたものの、明らかな業績は残せたので、「次の期は間違いなく昇給と昇進が待っている……」とワクワクしながら、期末の評価ミーティングに臨みました。しかしその席で、当時の上司が放った言葉に私は耳を疑いました。

「お前は来期もステイ（昇給も昇進もなし）だ。で、サブマネジャーはSくん（私の後輩）になってもらう」

「なんでですか！　ウチのチームは私も含めてメンバー全員目標達成しているし、そもそもSなんて、ぜんぜん数字出せてないじゃないですか！」

私は強硬に食い下がりましたが、上司は冷静にたしなめました。

「確かに、全社的に厳しい状況の中で、今期はよく成果を出してくれた。しかし、お前はメンバーの様子が見えているか？　皆疲れ切っている。プレッシャーで人を動かすようなやり方を、オレは評価するわけにはいかない」

確かに、部下に厳しい行動目標を突きつけ、今であればパワハラにもなりかねない叱咤をおこなっていたことは事実であり、上司の指摘はもっともでした。とはいえ、目標数字を達成している以上、評価据え置きはさすがにないでしょう。そんな不満が口をつきかけたとき、上司から聞かされた話が、私自身のその後の仕事に対する姿勢に大きな影響を与えることとなったのです。

「なんでSくんが昇進したか分かるか? 彼は確かに、個人業績としては普通だ。しかし、彼の存在は周囲のメンバーにとって強力な助けになっている。率先して仕事のサポートをしてるし、業績不振のメンバーを励ましたり、気軽に相談に乗ったり、オレの言葉の意図を汲んでメンバーに伝えるなど、とにかく普段の行動から視点が高いんだ」

「今回昇進を決めたのは、Sくん本人の希望じゃない。メンバーから『Sさんにサブマネジャーになってもらいたい』という要望があったからだ」

私としては、業績向上のための努力はしているつもりでした。しかし上司の話を聞いた瞬間、肝心の努力の「方向が違う」ことと「視座が違う」ことに気づかされ、猛省したのです。

個人や部下、チームの業績を向上させることは確かに重要ではあるものの、部下の業績向上のために強烈なプレッシャーを与え続け、結果的に部下が潰れてしまっては取り返しがつかないし、チームの業績も消散してしまうでしょう。そんなピリピリした環境よりも、お互いが仕事をサポートし合い、目標達成に向けて建設的な議論ができる関係性の組織のほうが良いに決まっています。そうなればチーム内に「心理的安全性」が生まれるので、追う目標は高くとも、ストレスのない職場環境が実現するはずです。

Sが当時の私のように、ギラギラした意欲をもって昇進を狙っていたかどうかは分かりません。しかし彼が普段の周囲とのコミュニケーションの中で、自然とフォロワーシップを発揮し、結果的に周囲のメンバーから頼りにされ、マネジメントに推挙されたことは紛れもない事実でした。ちなみにSはその後マネジャーに昇進し、より大きな上場企業へと転職していきましたが、転職先においても子会社社長等を歴任する活躍をしています。

大きな力を秘めるフォロワーシップですが、発揮すること自体はさほど難しいことではありません。私も講演や研修の場でフォロワーシップをお勧めする際には、「日常業務の中で、段階的にできるレベルを上げていこう」と鼓舞しています。無理のない範囲で、できるところから実践していけばよいのです。

次のような段階でお考え頂ければイメージして頂きやすいでしょう。

①「わかりました」レベル
⇓上位者の指示命令に疑問があれば都度解消し、納得したうえで気持ちよく従う。
②「いいですね！」レベル
⇓上位者の判断や決定に対して積極的な理解・賛意を示し、上位者を勇気づける。上位者も常に自信をもって判断しているわけではないので、メンバーから賛意を示されれば安心して実行できる。
③「私やります！」レベル
⇓上位者の取り組みの一翼を担う。単に手伝うだけではなく、「責任の一部を引き受ける覚悟で取り組む」。仮に失敗しても「上位者の責任」と逃げず、当事者意識と責任感を持つこと。
④「任せてください！」レベル
⇓上位者の右腕となって働く。どんな分野であれ、「○○については私に任せてください」と言い切れるレベルのサポートができていれば、職制上の地位は違っても、かけがえのないパートナーとして上位者を支持していることになる。

⑤「皆でやろうよ！」レベル
⇒チームメンバーに対し、上位者の目指す方向性やビジョンをわかりやすく示し、動機づけ、チームワークを最大化した状態で目標に向かえるようにできている状態。ここまでくればほぼ上位者同等である。

この段階に基づいて考えると、当時の私はプレイヤーとしては成果を挙げていたものの、フォロワーとしての心構えは恐らく②〜③のあたりでした。一方、Sはプレイヤーとしての成果には波がありましたが、フォロワーとしては既に⑤の位置にあったのです。いわば、既にマネジャー同等の視座で仕事をしていたのであり、次期マネジャーに推されることも当然だったというわけです。

このレベルのフォロワーシップを普段から発揮できていれば、上位者である上司はマネジメント業務の一部を任せられるようになり、上司として価値創出できる仕事にリソースを振り向けることができ、成果を挙げやすくなるでしょう。そうすれば上司もさらに上の上司から評価され、引き上げられていき、空いた上司の席に「フォロワーシップを発揮して上司をサポートし、上司を出世させた部下」が収まることになります。これこそ、「上司を出世させよ」との教えの本質です。

本来のマネジメントとは「人に言うことを聞かせる」役割ではありません。いかにチーム全体で目的を達成し、メンバー個々人がハッピーになるかが重要なはずです。その視座をもって業務にあたれれば、見える景色も違ってくるはずでしょう。あなたも、部下指導に迷われた際には、「周囲のメンバーたちから『いつもチームのことを第一に考えて行動してくれている〇〇さんにこそ、管理職になってほしい』と熱望される存在を目指せ」とアドバイスされてみてはいかがでしょうか。

本書には「そんなことわかってるよ」「もう知ってるよ」といった情報も含まれていたことでしょう。

しかし、「わかる」「知ってる」と、既に「できる」「やってる」との間には、天と地以上の差があります。今この瞬間から本書の内容を実践して頂き、その効果を実感して頂ければ幸いです。皆さまにとって、本書が新たな一歩を踏み出すキッカケになれば、これ以上嬉しいことはありません。

２０２３年　秋麗　自宅書斎にて

新田　龍

新田龍（にった・りょう）

働き方改革総合研究所株式会社代表取締役。企業コンサルタント。労働環境改善による「業績&企業価値向上支援」および「採用定着支援」、悪意ある取引先にまつわる「ビジネストラブル解決支援」、問題社員に起因する「労務トラブル解決支援」、炎上予防と早期対策による「レピュテーション改善支援」を手がける。労働問題、ハラスメント、労務トラブル、ネット炎上問題の専門家としてメディアコメント、執筆多数。著書に『ワタミの失敗』（KADOKAWA）、『問題社員の正しい辞めさせ方』（リチェンジ）など。

「部下の気持ちがわからない」と思ったら読む本

2023年11月22日発行 第1刷

著者 新田 龍

企画・編集 藤村はるな

装丁・本文デザイン 石塚健太郎・堀内菜月（kid,inc.）

発行人 鈴木幸辰

発行所 株式会社ハーパーコリンズ・ジャパン
東京都千代田区大手町1-5-1
03-6269-2883（営業）
0570-008091（読者サービス係）

印刷・製本 中央精版印刷株式会社

定価はカバーに表示してあります。

ISBN 978-4-596-52962-6